中等职业学校创新示范教材

# 北京历史名园优秀讲解词选编

赖娜娜　主编

中国林业出版社
China Forestry Publishing House

## 图书在版编目（CIP）数据

北京历史名园优秀讲解词选编 / 赖娜娜
主编 . — 北京：中国林业出版社，2019.10
中等职业学校创新示范教材
ISBN 978-7-5038-8217-3


Ⅰ.①北… Ⅱ.①赖… Ⅲ.①公园 – 解说词 –
北京市 – 中等专业学校 – 教材 Ⅳ.① K928.73

中国版本图书馆 CIP 数据核字（2015）第 250101 号

**责任编辑** 田 苗 高红岩
**出版发行** 中国林业出版社
邮编：100009
地址：北京市西城区德内大街刘海胡同 7 号
电话：010-83143557
邮箱：jiaocaipublic@163.com
网址：http://www.forestry.gov.cn/lycb.html
**经 销** 新华书店
**印 刷** 固安县京平诚乾印刷有限公司
**版 次** 2019 年 10 月第 1 版
**印 次** 2019 年 10 月第 1 次印刷
**开 本** 710mm × 1000mm 1/16
**印 张** 9.25
**字 数** 125 千字
**定 价** 35.00 元

# 《北京历史名园优秀讲解词选编》编写人员

主　编：赖娜娜

副主编：马继红　张培艳

参　编：张君楠　汪　莹　宗子懿

　　　　武燕燕　高一曦

# 前　言

　　当今，北京作为文化中心、国际交流中心的地位日益凸显。北京具有三千多年建城史、八百多年建都史。其浓厚的皇城古都文化底蕴和独特的国际大都市时尚风貌每年吸引数以亿计的国内外人士造访。这无疑对旅游接待服务工作提出了更高的要求。特别是以颐和园、天坛、北海为首的历史文化名园，每年游客接待量递增。而且随着游客素质的提升，对讲解服务的质和量的需求也与日俱增。

　　为弘扬中国古典园林文化，打造北京旅游的名片，提升导游讲解水平，更好地为广大游人服务，2014年北京市公园管理中心组织了北京市属公园讲解大赛。颐和园、天坛公园、北海公园、景山公园、中山公园、香山公园、陶然亭公园、紫竹院公园、玉渊潭公园、北京动物园、北京植物园共11家市属公园组队参赛。在这次大赛中涌现出了一批优秀的讲解员，也产生了一批优秀的讲解词。

为转化大赛成果，方便相关从业人员及其爱好者学习，我们对其中选题新颖、文本规范生动的讲解词进行辑录。全书共收录52篇讲解词，其中颐和园5篇、天坛6篇、北海5篇、中山6篇、景山4篇、香山5篇、北京植物园4篇、北京动物园5篇、陶然亭4篇、紫竹院5篇、玉渊潭2篇。内容涵盖历史、文化、科学、艺术等方面在园林中的体现，也反映了公园讲解一线人员近几年创作的最新成果。

本书由北京市园林学校负责辑录，过程中得到市属11家公园的大力支持和无私帮助。学校景区服务与管理专业教研室全体成员参与了编校工作。大家在兼顾日常教学和书稿辑录、编校工作上付出了艰辛努力。

由于团队能力和眼界的原因，本书一定还存在诸多不足，在此恳请各位有识之士不吝赐教。我们会在今后的工作中予以改进。

编　者

2019年9月

# 目 录

颐和园，位于山水清幽、景色秀丽的北京西北郊，原名清漪园，始建于公元1750年，时值中国最后一个封建盛世——"康乾盛世"时期；1860年的第二次鸦片战争中，清漪园被英法联军烧毁；1886年，清政府挪用海军军费等款项重修，并于两年后改名颐和园，作为慈禧太后晚年的颐养之地。从此，颐和园成为晚清最高统治者在紫禁城之外最重要的政治和外交活动中心，是中国近代历史的重要见证与诸多重大历史事件的发生地。

颐和园集传统造园艺术之大成，借景周围的山水环境，饱含中国皇家园林的恢弘富丽气势，又充满自然之趣，高度体现了"虽由人作，宛自天开"的造园准则。万寿山、昆明湖构成其基本框架，占地300.8公顷，水面约占3/4，园中有点景建筑物百余座，大小院落20余处，3000余间古建筑，面积70 000多平方米，古树名木1600余株。其中，佛香阁、长廊、石舫、苏州街、十七孔桥、谐趣园、大戏台等都已成为驰名中外、家喻户晓的代表性建筑。

# 颐和园

# 戏说慈禧太后的
# "洋物"情结

　　在中国的历史上曾经有这样一个人，她集高贵、坚强、智慧于一身，也曾经以专横、奢靡、残忍而著称。流芳千古也好、遗臭万年也罢，总之，她在中国历史上留下过惊鸿一瞥。这个人是谁呢？她就是风姿绰约的懿贵妃，后来不可一世的慈禧太后。其实关于这个传奇千古的女强人也有她鲜为人知的一面。今天我们就一起来聊聊慈禧太后的"洋物"情结。

　　朋友们，请让我们暂时将时光调回至清朝末年，在八国联军发起侵华战争之后，慈禧太后便深切地体会到快捷通信方式对于处理军政事务的重要。于是她一声令下，从外务部到京西万寿山的电话专线就开通了。而慈禧太后的"洋物"情结也就一发而不可收！

　　电话的出现很大程度上也改变了慈禧太后对洋人的看法：看来这些大鼻子蓝眼睛的外国人身上还是有可取之处的。于是她开始逐渐缓和与洋人之间的关系，比如：闲暇之余邀请一些外国的使节来颐和园游览。随着交流的增多，越来越多的西洋物件儿也就在颐和园落户安家。什么德国人安装的电灯、西洋画家画的油画，外国使节送的钢琴、钟表……真是应有尽有。说到这儿，您知道在这众多的西洋物件当中哪一件才是慈禧太后最喜欢的么？其实最让她感兴趣的仅仅是一部普普通通的照相机。

据说当年照相技术在刚刚传入中国时遭遇到重重阻挠。有人把它说成是"奇技淫巧"，说这箱子里面藏着鬼怪；也有人说这是洋人的妖术，照相的同时会吸走人的魂魄。可是对于这些耸人听闻的传言，慈禧太后却充耳不闻，她决心已下，一定要把自己绝世的容颜保留下来，于是一个叫作裕勋龄的摄影师就被带进了颐和园。看着眼前的照相机，慈禧太后迫不及待地想看看它怎么把人的相照下来的，于是就叫来一个小太监，让他站在相机之前，这一看可不要紧，那小太监正头朝下地站在那里，这可把慈禧太后吓了一跳。我们都知道，最早的照相机成像是倒立的。裕勋龄耐心地解释了一番，慈禧太后才似懂非懂地点了点头，准备照一张去受朝的样子。裕勋龄做好了准备工作，按下快门，相机发出了"碰"的一声响，随之升起了一股白烟。这其实只是相机正常的工作程序，可现场的人们却被吓了一跳。有的太监甚至高呼："有刺客，护驾！"裕勋龄感到有些莫名其妙，我不就照个相吗？怎么又成刺客了！您还别说，还是慈禧太后见多识广，虽然也受到了一些惊吓，但是立刻就冷静下来，出面缓和了紧张的局势。就这样，这张在颐和园仁寿殿前的照片就有惊无险地诞生了，并且被完好无损地保留至今。应该说，我们今天能够看到慈禧太后当年的形象，还要感谢这位叫作裕勋龄的摄影师。慈禧太后在1903—1906年，一共照了786张照片，这其中绝大部分是在颐和园中完成的，而这些照片也成了珍贵的历史资料。

时至今日，这个传说故事的真实性已无从考证，而我们能感受到的是慈禧太后的"洋物"情结，和她对西洋事物的喜爱与接纳。

# 探寻拆塔建阁之谜

　　您知道颐和园最高的建筑是什么吗？没错，就是佛香阁。但是您可能不知道，乾隆皇帝在最初修建这座园林时，万寿山上并没有佛香阁，而是一座九层宝塔。宝塔为何改建成了高阁？今天，我就带您来探寻乾隆皇帝留给我们的这个未解之谜。

　　要解开这个谜团，就让我们穿越时空，回到建园之初的1750年。据史料记载，乾隆皇帝原本计划仿照杭州六和塔在万寿山上修建一座九层高塔，作为献给自己母亲六十大寿的贺礼，取名延寿塔。施工过程中，乾隆不时到园内查看，督促工程进度。当塔修到第八层时，乾隆再次亲临工地，八层的高塔巍峨耸立，分外醒目，一切都在按计划有条不紊地进行着。然而，这次视察短短两天后，主管工程的内务府却突然接到圣旨，命其拆掉当时已接近完工的延寿塔，改建成佛香阁。这道圣旨让所有人都大惑不解。据清宫档案记载，建塔拆塔所花费的白银接近建园总花销的十分之一。延寿塔为什么在几乎完工的情况下突然被拆除呢？后人对此有多种猜测，有人说是由于砖石结构的九层宝塔过于沉重，造成地基坍塌。还有人说，是因为在这里建高塔不吉利。令人奇怪的是，这样一件大事在相关史料中并没有明确的文字记载，而作为唯一的知情人，乾隆皇帝对此事的解释也前后不一，含糊其辞。乾隆在自己的《志过》一诗中提到，延寿塔是自行倒塌的，而后他又引用明代《春明梦余录》一书的记载，说在北京的西北部不宜建高塔。

　　随着岁月的积淀，拆塔的原因愈加扑朔迷离，对这个谜团的解读也日益变得五花八门，我们不妨从园林景观的角度大胆地作一番探究。从园内看，九层的高塔耸立于万寿山上显得孤立而突兀，与周边的建筑不成比例。而且如果将延寿塔放在三山五园的整体环境中看，西南方向的玉泉山上已有玉峰塔，再加上延寿塔，显得单调而重复，破坏了建园之初借景西山的整体画面。乾隆也许是在延寿塔建到第八层的时候才突然发现了这个问题，所以决定不惜代价纠正自己的失误。大概是身为皇帝，为苛求景致的完美而浪费钱财，多少有些说不过去，所以乾隆对于拆塔的事情才始终语焉不详吧。而经历了拆塔建阁后，这座园林呈现出的景致就大不相同了。朋友们，请随我到昆明湖东岸，从这里向西看，远有绵延不断的西山群峰，中有玉泉山玉峰塔，近有万寿山佛香阁，再加上中间浩荡的湖水，宛若一幅天然形成的水墨画卷，这"虽由人作，宛自天开"的美景怎能不让乾隆皇帝心之向往呢？当然，由于没有史料证明，这个解释只是我们的推测，延寿塔被拆除的真相，至今仍是这座园林留给后人最大的未解之谜。然而，追求真相的脚步不会停止，我们相信谜团终将被解开。

　　风水原因也好，地基坍塌也罢，抑或是一代帝王造园蓝图的一个小小失误，拆塔建阁这个巧妙的插曲却成就了今天无与伦比的园林景观。亲爱的朋友们，当您漫步于昆明湖畔，看着气势磅礴的佛香阁，宛若天然的山水画卷，您是否会想起几百年前的那位千古帝王毅然下旨拆塔建阁的神秘举动呢？

# 石碑为证

听到"耕织图"这三个字，您一定会以为在这里可以看到那如画般男耕女织的劳作情景吧？很遗憾地告诉您，在这里您既看不到耕作，也看不到蚕织，但是游客朋友们请您留步，您看，这里还有一块石碑，这块石碑里有历史、有人物，这块石碑会告诉您很多很多。

也许您会问了，这块大石头，有什么可说的呢？您听，它真的有话说：

石碑为证，264年前，乾隆皇帝修建了清漪园，又在园中修建了耕织图景区，他把我立在了这里，给我题诗，为我题名耕织图，他让我作证，愿普天之下的老百姓都能过上男耕女织的田园生活。可惜，英法联军的一把大火，把这里烧得只剩下了一个孤独的我，我对大地哭过，我对苍天喊过，英法联军区区两万多人，就轻而易举地打败了我们天朝大国，我们的大清朝啊，我们的军队，都在哪儿呢？据说当时的清朝全国拥有百万铁骑，就算以十当一也不应该是这个结果呀……

石碑为证，大火过后的第二十六个年头，慈禧太后下旨重新修建这里，而耕织图的废墟上被建成了一座院落，取名为"京师昆明湖水操学堂"。这是一所专门培养八旗海军人才的学校，目的是壮大清朝的海军队伍，组成强大的海防来抵御外敌入侵。

可是石碑看到的是什么呢？它看到的是操练海军时，十几艘船舰在昆明湖上因为水浅而不能行船，它看到的是海军学员们驾驶着小火轮，在昆明湖上拖拽着慈禧太后的画舫供帝后们游湖赏景。

朋友们，曾经就在这块石碑前，当我讲到这段历史的时候，一位年长的游客这样说，慈禧太后根本不爱国，她修建水操学堂，是为了挪用海军经费建颐和园供自己享乐。

曾经也是在这块石碑前，当我讲到甲午海战的时候，我看到游客当中，有一位年轻人笑了一下，于是我就问他为什么笑啊？他说："我在历史课上也学过甲午海战，我认为当时的中国之所以会失败，就是因为人心涣散和清朝政府的腐败无能导致的。"

听到这番话，所有的人都愣住了，他们把目光投向了我，于是我郑重地对这位年轻人说，历史，就是一本教科书，120年前的甲午海战成为我们中国人永远不能忘却的国殇，可中国之所以没有在战争的逆境中消亡，就是因为中国人有着坚韧不屈的民族精神，在经过了历史，经过了惨痛的教训之后，如今我们站起来了，中国强大了，如果有人还想再做甲午海战之梦，我相信，中国人民一定会团结一心，把侵略者打的惨败！不是吗？

当时在场的游客都鼓掌了，而这位年轻人也向我投来了信任的目光……

朋友们，石碑为证，请大家记住它，去思考，去寻找，用我们心中的鼠标，点击那历史的节点，浏览那悲壮的画面，去刷新我们民族的明天，去做好我们自己的事情，去实现我们的中国梦！

# 在知春亭上看颐和园

颐和园作为清王朝修建的最后一座皇家园林，占地面积达到了300公顷，相当于4个北京故宫那么大。那么这么大的园子，哪里才是它最佳的观景点呢？是佛香阁？是南湖岛？还是西堤六桥？其实都不是，最佳的观景点是我们眼前这座并不起眼的"知春亭"！

知春亭坐落于昆明湖东岸的知春岛上，它深入湖面20米左右，环顾四周的景色，视线没有任何阻挡，一眼望去，它把颐和园的景色呈扇面般地展现在我们面前，可以说，这里就是颐和园的"园眼"。

站在知春亭向北望去，我们看到了巍峨的万寿山，如同一块巨大的翡翠屏风横卧于昆明湖的北岸之上。如果从平面图上来观看，我们会发现整座万寿山的形状像一只巨大的蝙蝠，而和它山水相连的昆明湖则像一个寿桃的形状。这不正是传统文化中的福山寿海吗？有人说这是乾隆皇帝为了庆祝母亲60岁生日，特意命工匠修建的，要体现出福禄寿的含义，可也有人说这纯属于自然的巧合。的确，事实有待考证，但是颐和园留给我们的是美好的寓意和祝福。

从知春亭往西看，玉泉山上的宝塔清晰地矗立在我们眼前，甚至连十几里几十里以外的西山群峰也能尽收眼底。我们不禁要感叹：颐和园的围墙在哪里？这园子的面积究竟有多大啊？其实这是我国古代造园的一种方法，叫作借景。就是将园外的景色"借到园内来，因为一座园林修得再大，它的面积和空间也是有限的。用了借景的方法，就可以收无限于有限之中。其实我们看到的玉泉山以及西山群峰都早已超出了颐和园的地界。但是颐和园将它们借用过来，看上去就好像它们都在园子里，这样就大大增加了景观的层次感。您看，昆明湖为近景，西堤六桥为中景，玉泉山以及西山群峰为远景。这是一幅多么有意境的山水画卷啊！

朋友们，在我们对眼前的景色叹为观止的时候，请大家再把视线投向知春亭的南边，我们会看到几座错落有致的岛屿。在我国古代神话传说中，东海有蓬莱、方丈、瀛洲三座仙山。秦始皇和汉武帝都曾派人去寻找，却没有音信。自从汉武帝在当时的长安城修建了象征性的"瑶池三仙山"之后，"一池三山"就成为了我国皇家园林的专用格局。也许您会问：在颐和园中也有这样的布局吗？当然有了，"一池"是碧波荡漾的昆明湖，象征着东海；"三山"则是南湖岛象征蓬莱仙境，澡鉴堂岛代表方丈，治镜阁比喻为瀛洲。虽然这里体现的是神话色彩，但不能否认，中国的道家文化，在颐和园里得到了良好的展现，这也体现出了中国园林深邃的文化内涵。

在知春亭上看颐和园，每一个角度和方向都是美景，各种远近风光与园内景观相互渗透，浑然一体，天衣无缝，颐和园就像一部完整而紧凑的宏大乐章在我们每个人的心中奏响。中国传统园林崇尚表现自然美，希望通过人的审美达到心灵的平和。我想，这就是中国人自古而来的"天人合一"的思想吧！

# 慈禧油画像

现在为您介绍颐和园内一件富有特色的文物——慈禧太后的油画像。

大家请看画面中慈禧身穿金黄色寿字袍服端坐在宝座中央，颈间围着寿字嵌珠花巾，头戴玉蝴蝶、耳饰珠坠，手持牡丹富贵团扇，秀指上还套有长长的金护指，显示出她身份的尊贵和母仪天下的威严！画像上方横额题写"大清国慈禧皇太后"，中央钤盖"慈禧皇太后"方形印章，左右还有"宁寿宫""大雅斋"印章。在画像的右上方竖写"光绪乙巳年"；右下角署有"华士·胡博恭绘"和"HUBERT VOS"的款识。

说到华士·胡博，他是荷兰人，是当时欧洲著名的肖像画家。曾经为荷兰女皇、朝鲜国王、俄国驻英大使等各国权要画像。这位画家共为慈禧太后绘制了两幅画像，一幅现存于美国哈佛大学佛格博物馆内，另外一幅就是我们现在看到的这幅。

可能游客要问了："当年慈禧为什么要邀请西方人进入宫廷为她画像呢？"这是因为在清朝末期，一些西方国家政要人物为加强与清朝政府的联系，讨好掌握实权的慈禧太后，通过各种渠道请一些画家来中国，希望为她画像。他们说出的理由更是让慈禧太后欣然接受：世界各国都传说您办事凶狠、面目狰狞，非一般女子。而我们这些外国人亲身与皇太后接触，感到皇太后并非像国外所传。您是一位非常亲善、和蔼、华贵、高尚的女性，如能有一张皇太后的油画像在国外让人观瞻，肯定会消除那些传言，这对维护大清国皇太后声誉是会有好处的。

这等好事，慈禧当然不会拒绝，于是就有了我们面前的这幅油画像。

观赏这幅画作，我们会发现华士·胡博并没有完全遵照西方肖像画的基本技巧进行绘画。这是为什么呢？因为在创作过程中他经常被善意提醒、不断强调："面部不能有阴影！中国人不欣赏'阴阳脸'式的人物画。"同时他还被告知："在绘画人物眉毛时要平直，眼睛要加大；嘴部要显得丰满，不能下垂。"画师终于明白，慈禧想要的并不是一幅写实的肖像，而是一幅既有象征意义又富含寓意的纪念像。于是，他采用了一种折中的方法：一方面，减弱光线亮度，取消光照下出现的阴影。人物面部变得端庄、柔和、清晰，完全符合中国人的审美习惯。另一方面发挥西洋绘画技法，使得明黄丝袍极具真实之感，这些做法无不显示出画家高超的绘画技巧和深厚的艺术功力。就这样，年已71岁高龄的慈禧太后，最后被"成功地变成一位中年贵妇人的模样"。

这幅被高度"艺术化"的作品虽得到了慈禧的肯定与赞许，但华士·胡博对于画像没有完全遵循原样，心中存有深深的遗憾。在此之后，画师根据之前的画样，按照自己的意愿创作了另一幅更忠于写实风格的慈禧画像，这幅作品现在就保存在刚刚提到过的美国哈佛大学佛格博物馆。如果有一天，两幅画像能够一起出现在颐和园，我想，大家除了对慈禧有更加全面的认识之外，我们更能感受到的是东西方文化的触碰与融合。当写实遇上写意，这会是怎样的一种审美体验呢？我们不妨期待这一天的到来。

天坛始建于明永乐十八年（1420年），又经明嘉靖、清乾隆时增建、改建，建筑宏伟壮丽，环境庄严肃穆。中华人民共和国成立后，国家对天坛的文物古迹投入大量的资金，进行保护和维修。历尽沧桑的天坛以其深刻的文化内涵、宏伟的建筑风格，成为东方古老文明的写照。1961年，国务院公布天坛为"全国重点文物保护单位"。1998年被联合国教科文组织确认为"世界文化遗产"。

天坛是明、清两代皇帝"祭天""祈谷"的场所，位于正阳门外东侧。坛域北呈圆形，南为方形，寓意"天圆地方"。四周环筑坛墙两道，把全坛分为内坛、外坛两部分，总面积273公顷，主要建筑集中于内坛。

坛内主要建筑有祈年殿、皇乾殿、圜丘、皇穹宇、斋宫、神乐署、无梁殿、长廊、双环万寿亭等名胜古迹。

# 天坛公园

# 天坛益母草

　　欢迎您来到天坛参观游览。说到天坛，人们想到的是祭天，想到的是帝王的祭祀礼仪，想到的是雄伟的祈年殿，森森古柏林。

　　今天咱们不说建筑、不谈园林，而是和您聊聊生长在天坛里的一种特殊的植物。先不说它是什么植物，有诗为证："方茎紫萼产天坛，芨（山）草熬膏性入肝，疗血补虚能益母，儿将买去孝何安。方茎紫萼指的是它开紫色唇形小花，茎四棱，叶有点像艾蒿……"说到这儿，很多人一定猜到了，它叫"益母草"。

　　对了，您可别小看了这益母草，它可是治疗妇科疾病的良药。在《本草纲目》《中国药典》等文献中都有记载，这益母草并非天坛独有，内蒙古、河北、山西、甘肃等地都有生长，但由于天坛地理位置独特，自然环境好，天坛益母草尤为有名。它多有名？百度上搜"天坛益母草"，显示有关链接就有136 000多条。

　　听到这您该问了，草药怎么会和天坛联系在一起呢？其实您不知道，天坛这个地方以前是郊区，皇帝选择在这建坛庙也是应和了"祭天于郊"的古制。正是这郊野的环境为草药提供了良好的生长空间。

　　说起天坛的益母草，我们还要讲讲天坛的道士，对！您没听错，就是道士，道士打哪儿来的？皇帝带来的。明初永乐皇帝迁都北京，将南京神乐观的乐舞生同时带到了北京，就住在天坛神乐观，也就是今天的神乐署。这批乐舞生都是道童，专门为祭祀演练乐舞。闲暇之时，在坛内也干些种药、采药、制药的营生，其中最有名的药就是天坛益母草。

　　由于野生的益母草药性太热，道士们开始人工种植，这样的益母草药性温和，药效更强。他们还就地取材，把益母草加上天坛侧柏叶熬成膏，标名"天坛益母膏"出售。由于功效奇特，到天坛神乐观买药的人越来越多，于是道士们就借机开了"济生堂"药店，专卖"益母膏"。一时间名声大震。据说就连皇家太医院也点着名要"天坛益母膏"。

　　明崇祯十七年（1644年），李自成攻破北京之后，"济生堂"倒闭了。但是不久，随着清军入关，定都北京，把神乐观的道士一一召回，"益母膏"又得以重现，其销量不减反增。清代在天坛就有保龄堂、保合堂、育生堂、广德堂、天德堂、瑞德堂、仙德堂七家经营"益母膏"的药店。但可惜的是，时间最早、最具有代表性的济生堂药店一直没有恢复。

　　清乾隆、嘉庆两朝，曾大力度整顿过神乐观，并把"神乐观"更名为"神乐署"，取缔店铺，禁止经商。但就是这样，这七家药店依然经营着"天坛益母膏"。为什么皇帝没有拆这七家药店，想来自然有他的道理。

　　不过这小小益母草最终还是难逃厄运，民国三年（1914年）袁世凯祭天时彻底把天坛的药店清出了墙外，在天桥一带另辟新处，只允许在每年秋季进天坛采药，"天坛益母膏"就渐渐绝迹了。

　　斗转星移，曾经红极一时的天坛益母膏，已经风光不再，甚至鲜有人知了。今天您走过林下如果仔细寻找，也许还能发现这种普通的植物。花开无声，天坛益母草就像一位历经沧桑的长者，静静地躲在角落里，不张扬、不炫耀，等待着人们去认识、去发掘。

　　天坛草药作为天坛文化的一支，这些年也得到了挖掘整理。在天坛的西北外坛就建起了"天坛科普园"，如果您有兴趣，可以去看一看。在那里您不仅可以看到"天坛益母草"，还有其他曾经生长在天坛里的草药，世间百草皆入药，今天它们正以科普的形式焕发着新的活力。

# 天坛七星石

　　说起天坛这个祭天的圣地，您肯定会脱口而出的是圜丘坛、祈谷坛，还有在两坛西侧，用于皇帝斋戒和培养祭祀乐舞生的斋宫和神乐署。可今天要为您介绍的不是这些，而是另外一处特殊的景观——七星石。它不是建筑，甚至与祭祀也毫无关系，那它是做什么用的呢？

　　七星石，位于祈年殿东南方的旷地丛林中，距长廊东端100米，它是按照北斗七星的形状排列的。有传说它是天上的陨石，其实，它是明嘉靖时期所陈放的风水镇石。那么，为什么要把七星石放在祈年殿东南方呢？

　　相传，明嘉靖年间改建大享殿，也就是我们现在所看到的祈年殿的前身，当时有一位道士对嘉靖皇帝说："陛下，大享殿东南方太过空旷，对您的皇位和寿命十分不利，应设镇石，以利风水。"嘉靖皇帝非常迷信道教，听了这位道士的话后，深信不疑，于是便在这里设置了七块镇石，自此，就被称为"七星石"了。

　　说到这儿，也许您会问："为什么要在这里设置七块镇石呢？"话要从泰山说起，大家请看，这些石块上都刻有山峰的纹理，用来象征泰山的七峰。自古以来，中国人就崇拜泰山，有"泰山安，四海皆安"的说法。自古帝王封禅就是在泰山举行，而这"封禅"二字，指的就是古代帝王祭祀天、地的礼仪。关于它最早的记载就是秦始皇泰山封禅了。自此，历朝历代的帝王，都想借此来得到上天的认可，彰显其至高无上的地位。可以说，这泰山就成为了中华民族的精神象征。于是，嘉靖皇帝就将象征"平安"的泰山与七星石结合起来，充分体现了皇帝祈求风调雨顺、四海升平的美好愿望。

细心的朋友，您可能已经发现了一个奇特的现象。名字明明叫作"七星石"，可数来数去为什么会有八块呢？多出的那一块又是怎么回事呢？这是因为1644年，清朝入关以后，为了强调满族也是华夏民族的一员，于是在七星石东北角又加放了一块镇石。满人认为他们的发源地——长白山与泰山虽然隔海相望，实则一脉相承，加上这块镇石就寓意着华夏一统了。从此，"七星石"就成为八块了。

说到这儿，您可能会问了，七星石和北斗七星到底有没有关系呢？

古人认为七星石有象征北斗七星的说法。他们对北斗七星的崇拜由来已久，并且早就对它有了科学的认识。

北斗由天枢、天璇、天玑、天权、玉衡、开阳、摇光七星组成，前四星组成斗身，古人称之为"魁"，后三星组成斗柄，古人称之为"勺"。不知大家有没有通过看北斗星来辨别方向的经历呢？根据北斗星运转情况，它的斗柄并不是总指一个方向，而是根据季节的变化而变化。古籍《鹖冠子》中记载道："斗勺东指，天下皆春，斗勺南指，天下皆夏，斗勺西指，天下皆秋，斗勺北指，天下皆冬。"正是因为掌握了这个规律，人们才得以适应四季更替的变化，春种秋收，年复一年地耕种着。

所以，把"七星石"放在祭天祈谷的场所旁，恐怕是再合适不过了吧？它表明皇帝的祭祀活动并非是单一地、被动地接受"天"的恩惠，而是在主动地接近大自然，认识、了解并进一步利用自然界的规律来为人类服务。它在作为封建国家礼仪制度的同时，也记录下了中华民族在天文科学方面所做出的伟大贡献。

# 古坛门韵

　　天坛的门数量众多，有以方位描述的东天门、西天门；有以数量命名的三座门；有借用《周易·乾卦》中"元亨利贞"命名的泰元门、昭亨门、广利门、成贞门；还有以标志建筑命名的祈年门。它们功能不同、造型各异、型制有别，不同的门将天坛各组建筑连缀起来，使天坛的结构布局更加合理、功能分隔更加完善。而在其中，却有两座又小又不起眼的门，这就是要为您介绍的花甲门和古稀门。俗话说："六十花甲子，七十古来稀。"花甲和古稀是民间对人们到了特定年龄的俗称。而花甲门和古稀门无论在型制上还是在称谓上都比不上坛内其他的门气派和讲究，但它们却也都是乾隆皇帝亲自下令修建的。那么乾隆为什么会在天坛增设这样的建筑呢？这两座门又有什么特殊的用途呢？这就要从清代的祭天礼仪说起了。

　　在清朝，皇帝祭天的典礼相当繁重和烦琐，整个过程需要投入很多的精力和体力。祭祀当天，皇帝从斋宫出发，乘坐一种叫作"礼舆"的轿子到达丹陛桥的南端西侧，然后再步行到祭坛行礼。别看丹陛桥长度只有360米，但它南低北高，皇帝需要一路逆坡而上。如果皇帝正直青壮年，自然没有关系，但如果皇帝年事已高，就会感到非常疲惫。

　　众所周知，乾隆皇帝是历代帝王中最长寿的。他享年89岁，在位60年，所以他亲自到天坛祭祀的次数也是最多的。随着年龄的增长，乾隆皇帝的身体逐渐不能适应烦琐的祭祀仪程。清乾隆三十七年，也就是1772年，乾隆皇帝已经是62岁的高龄，过了花甲之年，祭祀行礼时，越发地感到了体力不支。这时，有大臣上书请求更改烦琐的祭祀仪程，这正合了皇帝的心意，于是乾隆皇帝急忙下令要求大臣们对降辇的地点，也就是下轿的地点和步行的远近等，一些无关大体的环节做出酌定。最后大臣们的商议结果是在祈谷坛的西南侧增加一个门，这样，祭祀当天，皇帝就不必从丹陛桥上走过，而是直接从这个门进入祭坛行礼。这个门就被称为"花甲门"。自此，乾隆皇帝祭祀时步履的辛劳就大大地减轻了。

但古稀之年接踵而至，相同的问题又再次出现。乾隆四十六年，71岁的乾隆皇帝再次降旨，命令大臣们再选择一个祭祀时更近的降辇地点。最终，在祈谷坛的西北侧又新增了一个门，这个门就被称为"古稀门"了。乾隆皇帝还亲自做了诗文来记述这件事："降辇西门省步履，垣中步弗籍人扶。古稀天子蒙天佑，顾我儿孙视此乎。"这首诗的意思是说，祭祀时在西墙外的门降辇，减少了步履的辛劳，我在祭坛中行走都不再需要别人的搀扶了。年逾古稀的天子承蒙皇天的庇佑，而您对我的儿孙们是否也会这样照顾呢？

在修建这两座门的同时，乾隆皇帝也怕后世子孙都偷懒在祭祀时走这两个门，于是他下旨"若未满六旬者，不得路经此门"，古稀门更是"有寿登古稀者，方可出入此门"。然而，以后的清代帝王却都没有乾隆长寿，仅有嘉庆一人走过花甲门，而古稀门则无人有幸通过。

# 斋宫钟楼

　　走进斋宫，您会听到一声声浑厚圆润的钟声，循声走去，您会发现这有一座钟楼。钟楼坐落在斋宫的东北角，坐北朝南，是一座绿色琉璃瓦的双层建筑。在钟楼正中悬挂的是太和钟，高2.8米，厚0.1米，直径1.55米，是明永乐年间仿照南京斋宫的太和钟铸造而成的，这"太和"二字出自于《周易·乾卦》当中的"保和大和乃利贞"。古时候，"大"和"太"是一个意思，而"和"指的就是和谐、和顺。所以太和钟的名字又寓意着整个自然界、整个社会和谐共存。其实在我们北京北部的大钟寺内也有一款年岁相同的铜钟，不同的是大钟寺的铜钟通身刻有铭文，而您现在看到的这座钟造型简洁典雅，通身只刻有简单的线条，不雕刻任何花饰和铭文，所以又被称为"素面大钟"。太和钟钟钮为海水流云纹，钟体致密坚固，声音圆润洪亮，可扬十里之外，尾音更长达两分钟，堪称"古钟之王"。每当大钟敲响时，整个天坛上空钟声回荡、绵延不绝，为祭坛原有的神圣氛围又增添了一抹庄重与肃穆。

　　在中国古代，钟楼一般都是用来通报时间的，而且钟楼和鼓楼通常会成对出现。在没有钟表计时的年代，钟楼撞钟报时，鼓楼击鼓定更，对人们的起居劳作起着相当重要的作用。"晨钟暮鼓"一词就是用来形容这一现象的。可是在斋宫，为什么我们只能看见钟楼，却看不到鼓楼呢？这是由它的功能所决定的，这里的钟楼并不是报时用的，它是用来发出声音，传递信息的。

祭祀当日的凌晨，当皇帝在斋宫准备起驾时，钟楼的钟声就会响起，如同对讲机一样，通知在圜丘坛等候祭祀的大臣以及各处的侍卫、官兵，各就其位，迎候皇帝大驾！等到皇帝祭天队伍到达斋宫东南的三座门时钟声停止。鸣钟迎送表面是礼仪的要求，其更重要的是以此向祭坛发出皇帝已起驾和已到达三座门的信息。

说到这儿，您可能会问了："那对方如何回应呢？"

当官员们接收到钟声的信号后，祭坛内高高的望灯杆上就会悬挂起望灯，也就是高约2米，周长4米的特制大灯笼。祭天大典是在冬至日日出前七刻举行，即凌晨4点15分左右。那时，天色漆黑，望灯如明月高悬，既标识了祭坛的位置，又告诉所有人祭祀大典马上开始。等到祭天大典九项仪程结束后，望灯杆上的望灯会缓缓降下，此时钟楼的钟声又会再次响起，以示恭送皇帝起驾回宫！

钟楼和望灯杆虽相隔甚远，两者却通过这种最原始的方式传递信息、遥相呼应，这种通信方式之快捷，真可与如今的电话相媲美了。我们的祖先虽然没有如今这些先进的通信设备，却发挥自己的聪明才智，利用声学原理和视觉效果，巧妙地实现了钟和灯笼的对话，将祭祀大典的时间、步骤安排得井然有序。

数百年过去了，太和钟依旧静静地挂在这里，向游人展示着它朴素的造型，并默默地述说着那数不清的悠悠往事。现在每年春节"天坛文化周"期间，游客也可以登上钟楼敲钟祈福，将最美好的心愿和祝福带给亲朋好友。在此真诚地邀请您，春节期间来到天坛，聆听新年钟声，祈祷平安幸福。

# 中和韶乐奏响法国城堡

　　这是一张演出的照片，您知道演出的地点是哪儿吗？是法国。这是2015年5月，天坛神乐署雅乐团走出国门，走向世界，在法国丽芙城堡演出的场景。

　　晴朗的天空，徐徐的清风，随风飘舞的红色衣带，与只有在童话世界中才能见到的白色城堡交相辉映。随着音乐的响起，现场一片寂静，连一个小小的咳嗽声都能听得清清楚楚。每个节目结束后，现场都会报以雷鸣般的掌声。每当想起那一次的演出内心都无比激动！

　　说到这，我想起了三年前的一天，那是一个下午，一位金发碧眼的外国人走进了天坛神乐署，这是她第一次来到天坛，第一次听到中和韶乐的声音，她被这神秘的音乐深深地吸引了，她就是法国丽芙城堡的女主人雷纽女士。她欣喜地发现祭天大典竟与法国宫廷仪式如此契合。听着听着她就产生了一个想法，她希望有一天能够在法国，在她的城堡中让更多的朋友看到、听到中和韶乐。同样，我们也渴望到法国去演出，那里有塞纳河、卢浮宫、埃菲尔铁塔，那里也是著名的文明古国。那么，雷纽女士和我们的愿望能实现吗？

　　2015年3月终于有了结果，在中法建交50周年的大背景下，在众多友好人士的支持和帮助下，天坛与丽芙城堡得以牵手，从此推开了中和韶乐走向世界的大门。

消息传来，我们既兴奋，又激动，还有些许的不安。兴奋的是这将是第一次将古老的中和韶乐带出国门；激动的是我们的这次活动成为了中法建交50周年300项活动之一；不安的是我们能否代表首都8000名公园职工完成这样艰巨的任务呢？

当然，我们也有信心。我们相信中国文化的魅力；我们相信天坛600多年的文化佳酿一定会飘香法兰西；我们相信越是民族的越是世界的；我们更相信中和韶乐一定会得到法国民众的认可。

为此，从曲目编排到乐器搬运，我们做了大量的前期准备工作。在曲目上我们准备了祭祀乐、宴飨乐等不同风格的几十首乐曲。在节目设置上我们特别为当地中小学生增加上台互动环节，为的是加深法国青少年对中国文化的认知。我们还特意用中国最古老的乐器演奏了一首法国名曲《感恩赞》。当古老的编钟敲出旋律的那一刻，法国观众的眼里流露出的是惊讶、喜悦和感动。

演出在法国引起了轰动，欧洲时报、法国电视台等20多家媒体争相报道。有一位当地的老师连续看了三天，而且每天在博客上更新他的观看感受；还有一位60多岁的女作家，为了观看我们的演出驱车几百公里从意大利赶来；还有一对年轻夫妇他们带着三个孩子，一遍又一遍地听着中和韶乐。我问他您这是为什么？他说就是希望给孩子一个中国式的体验。还有很多政治家、音乐家、当地名人纷纷来到现场，中国驻法大使翟隽先生、法国前总理拉法兰先生也专程观看了演出，并亲眼见证了"天坛—丽芙堡"友好合作意向书的签订。

我还清楚地记得翟隽大使是这样说的："音乐是流动的建筑，建筑是凝固的音乐。在古老的欧洲城堡演奏具有600年历史的中国神乐，既是一次音乐和建筑的碰撞，也是一场中法文化的对话。"

再看这张照片，法国之行就在我的眼前，我想起了习总书记的一句话："每一种文明都延续着一个国家和民族的精神血脉，他既需要薪火相传、代代守护，更需要与时俱进、勇于创新。"

# 天坛斋戒铜人

天坛是明清两代皇帝举行祭天祈谷大典的场所。在天坛的斋宫里设有一座铜人亭，供奉的是唐代名相魏征，而这尊魏征的铜像则称为斋戒铜人。皇帝来到天坛祭天，为了表达对天的崇敬与虔诚还要在祭祀前进行斋戒，就是要不饮酒、不茹荤、不听音乐、不理刑名、不问疾、不吊丧、不近女色。作为拥有至高无上权力的皇帝，他能遵守吗？而这尊斋戒铜人就是要告诫皇帝用心斋戒，不理他事。

斋戒铜人亭是明太祖朱元璋亲自设立的。斋戒铜人的人物原型取自中国历史上有名的清官廉吏。现今斋戒铜人亭内摆放的唐代魏征，则是我国古代杰出的政治家和思想家。他刚直不阿，坚持原则，敢于犯颜直谏，是辅佐唐太宗李世民成就"贞观之治"的著名功臣之一。魏征本人也是一位举世公认的清官。

历史上魏征犯颜进谏的事例不胜枚举，例如：魏征主张取信于民，不要朝令夕改。唐朝规定18岁的男子能够征兵服役。但是有一次，为了巩固边境多征兵，李世民要求16岁以上男子全部应征，魏征坚决不同意，惹得李世民大为恼火，责问魏征为何如此固执？魏征说："兵不在多，而在于治军得法。陛下征调成丁男子，足以无敌于天下，何必多取细弱增加数目！陛下天天说要以诚信治天下，使臣民都不欺诈。然而即位不到一年，却数次不讲信用了。"李世民问自己是否有失信于民的事，魏征举了三例。李世民虽觉得言词尖刻，难听刺耳，但心中仍很高兴，认为魏征忠于朝廷，国家号令不讲信用，人民就无所适从，天下哪能安定！于是便下令停止征召不到参军年龄的男子入伍。

魏征对李世民进谏时直言不讳。他还引用荀子的话告诫皇帝："君主似舟，人民似水，水能载舟，亦能覆舟。"这句话对李世民震动很大。一次，李世民问魏征怎样做一个明君，魏征就讲了隋朝虞世基的故事。虞世基专门投隋炀帝所好，只说顺话，不讲逆耳之言；专报喜，不报忧，结果隋朝灭亡。由此魏征得出"兼听则明，偏听则暗"的结论。

魏征的直言进谏与李世民的虚怀纳谏可谓是相得益彰。为何要犯颜直谏？历史上不乏因忠言逆耳而惨遭杀害的例证。难道魏征不怕死吗？我想，正是他那忧国忧民、兴亡有责的忘我精神和勤进敬业、在其位谋其政的奉献精神，铸就了历史上直言进谏的典范。

如今的铜人亭清风依旧，似乎在无声地诉说着这段传颂千古的佳话。将魏征的形象制成铜人用以警醒后世帝王也有其深刻意义，乃至对当今社会深入推进反腐倡廉建设亦有许多积极的启示和借鉴作用：其一，斋戒铜人的设置是一种监督机制，即使高高在上的皇权亦需要有力的监督和预警。可见任何权力都需要在有效的监督下运行，失去监管的权力极易导致腐败和滥用。其二，斋戒铜人的设置源于明朝的皇帝，说明自命真龙天子、金口玉言的皇帝也认可并接受监督。这启示了我们，当前提高领导干部接受监督的自觉性与主动性是建立预防监督机制的有效途径。其三，斋戒铜人本身选取历史上有名的清官廉吏，也寓意着对于敢于直言进谏的清廉之官应加以褒奖。

廉如微雨，滋润生机；廉如清茶，褪尽浮华。古人尚且崇廉敬廉，作为新时代的党员干部，更要把廉洁作为一面镜子，时刻提醒自己，对照自己。抵得住诱惑、守得住清贫、耐得住寂寞，两袖清风、一身正气。崇尚"兼听则明"，反对阳奉阴违、阿谀奉承。要把廉洁勤政作为传颂美德的方舟，传颂廉洁勤政为民的党员风范，铸就清廉务实的党员铮骨，培育出刚健峻拔的民族品格，塑造出自信、自谦、自律的廉洁精神。让我们手捧廉政的阳光，用它照亮我们人生前行的路！

北海公园位于北京市的中心，是我国现存最悠久、保存最完整的皇家园林之一，距今已有近千年的历史。北海园林的开发始于辽代，金代又在辽代初创的基础上于大定十九年（1179年）建成规模宏伟的太宁宫。太宁宫沿袭我国皇家园林"一池三山"的规制，并将北宋汴京艮岳御园中的太湖石移置于琼华岛上。至元四年（1267年），元世祖忽必烈以太宁宫琼华岛为中心营建大都，琼华岛及其所在的湖泊被划入皇城，赐名万寿山、太液池。永乐十八年（1420年）明朝正式迁都北京，万寿山、太液池成为紫禁城西面的御苑，称西苑。明代向南开拓水面，形成三海的格局。清朝承袭明代的西苑，乾隆时期对北海进行大规模的改建，奠定了此后的规模和格局。辛亥革命后，1925年北海辟为公园对外开放。1961年北海公园被国务院公布为第一批全国重点文物保护单位。

北海公园是中国历史园林的艺术杰作。全园占地69万平方米（其中水面39万平方米），主要由琼华岛、东岸、北岸景区组成。琼华岛上树木苍郁，殿宇栉比，亭台楼阁，错落有致，白塔耸立山巅，成为公园的标志，环湖垂柳掩映着濠濮间、画舫斋、静心斋、天王殿、快雪堂、九龙壁、五龙亭、小西天等众多著名景点。北海园林博采众长，有北方园林的宏阔气势和江南私家园林婉约多姿的风韵，并蓄帝王宫苑的富丽堂皇及宗教寺院的庄严肃穆，气象万千而又浑然一体，是中国园林艺术的瑰宝。

# 北海公园

# 永安石狮

　　很多来到北海永安寺游玩的朋友往往会提出这样一个问题，这个寺庙门前的狮子可真奇怪，一对石狮为什么要头朝寺门呢？今天就给大家讲讲北海的这处怪现象："永安寺门前的狮子头朝里"。

　　石狮在中国扮演着重要角色，只有七品以上的官员家门口才配摆放，而且官位不同，那狮子头上的发卷也不同，官位越高发卷越多，毫无疑问皇家石狮的发卷数量是谁也不敢超越的，不然任你功劳再大，官位再高，也得落个砍头的结果。但所有的石狮都是头朝外，威严刚正地立在门前或桥头两端。而永安寺门前的这对石狮却稍有不同，狮子掉转了方向，头朝寺门，而屁股朝外，这种奇怪的姿势难道是造园人员的故意为之？现在就给大家讲一段有趣的故事。

　　据老辈人传说这对狮子兄妹生来就游手好闲，长大后既不能文又不能武，连个吃饭的手艺都没学来，只好窝在家里待业。后来是永安寺的住持见他俩贫困潦倒，出于慈悲，才为这对狮子安排了门卫这一职务。可他们本性难移，不是在岗位上倒头睡觉，就是自顾自由着性子胡闹。一天他俩头朝寺门，屁股朝外玩得兴致正浓，不想如来佛祖云游四方巡查到此，见他俩玩忽职守，不认真工作。为了以儆效尤，佛祖就把他们点化成了石头，从此永安寺门前的这对石狮就永远地只能目视那些僧侣主持，再不能欣赏寺外的美景了……最后还落下了个"永安寺的狮子头朝里"的戏言。后来不知怎的，这句话竟然流传到了民间。当时正值大清王朝贪污成风，江河日下，为官者不顾及国家安危，一心只想自己升官发财，百姓的命运更是如同蝼蚁，对于这样的清政府，老百姓可以说是怨声载道，敢怒而不敢言。就在这时，民间又传说连皇家寺院门前的狮子都自顾自地调转了身子，不再恪尽职守，于是就一股脑地把怒气转移到了这对狮子身上，认为像狮子这样正义凛然、威严勇敢的神兽也变得自私自利，随波逐流，看来大清朝真的离灭亡不远了。

其实这对石狮实在冤屈，因为永安寺建于清代，而这对石狮早在明朝就降生了，是与身后的永安桥一同兴建雕琢而成的。这对石狮一直屹立在桥头两侧，它们忠于职守、刚正不阿，一直担负着保卫大桥的重要职责。

这样看来倒是后来兴建永安寺挖了永安桥的人，建寺时把这对石狮弄到了自家门前，让这对狮子既看护大桥也守护寺院。正所谓，能者多劳嘛，谁让这对石狮又老实又忠厚呢！

讲解到这里，大家是不是也开始喜欢上永安寺门前的这对威严但可爱又可敬的石狮了呢？横眉冷对千夫指，俯首甘为孺子牛。百多年来它们一直背负着骂名，至今也没恢复名誉，但它们却依然坚守着自己的这份职责！这份执着的敬业精神也是可尊可敬的！它们为我们留下的这段传说和历史也一定为我们提供了一份感悟和思考吧！

# 九龙壁

　　自古以来，在中国传统文化中，龙有着重要的地位和影响。早在8000多年前的新石器时代，人们就开始了对它的崇拜。在中国历代皇家园林中，我们到处都可以看到"龙"的形象，而其中极具代表性的皇家建筑就非"九龙壁"莫属了！

　　北海九龙壁位于风光秀丽的太液池北岸，它建于1756年，距今已经有263年的历史了。整座九龙壁由424块彩色琉璃砖拼接而成，壁高5.9米，厚1.6米，长25.5米，体魄巨大、富丽堂皇。

　　在九龙壁上，最醒目的就要属壁身正反的9条蟠龙了。现在，就让我们从两种不同的角度来欣赏一下。

　　首先，从建筑学的角度来看，这壁身正反的9条龙都是以高浮雕为主，而两龙之间的山石、海水、流云又穿插着浅浮雕。这样一来，这九龙壁上的每一条龙是不是都显得更加生动逼真、呼之欲出了呢？您看，这9条龙有的昂首向上、有的俯视向下，姿态各异、栩栩如生，飞腾戏珠在波涛骇浪中，组成了一副绚丽多彩的"蛟龙闹海"画面。

　　接下来我们再从美学的角度来欣赏一下。九龙壁上有着两条运动曲线活跃着整个画面：这第一条是龙身上的运动曲线。这里，我们以两条最具代表性的龙来举例。大家请看左侧的黄龙，在它身上拥有的是上方的"8"字形曲线和下方的"U"形曲线；而在它另一侧的白龙身上，拥有的是"S"形曲线和"U"形曲线。这一条条曲线随着龙身起伏变化多样，赋予每条龙一种动态的美感。而另一条运动曲线，在龙身下方涌动着的波涛海水中，它带给我们的是一种跳动的韵律之美。在九龙壁上，既有龙身、波浪的曲线美，又有着山石的直线美；既有山石、壁身图案的静态美，又有飞龙宝珠追逐嬉戏间的动态美。这一切，都造就了九龙壁的完美，使它成为中外闻名的建筑精品。

讲到这里，有朋友要问，这北海九龙壁就真的只有壁身正反的9条蟠龙吗？您仔细看，在九龙壁上，除了正反各有9条龙外，在壁身的其他部位也都能看到龙的形象。那么，咱们就来数一数，这九龙壁上到底有多少条龙吧！

北海九龙壁，顶部呈庑殿式。有1条正脊、4条岔脊，正脊前后各有9条龙、岔脊左右各有1条龙；在正脊两侧各有1只吞脊兽，它的前后也各有1条龙。这5条脊上就有30条龙。壁四周共有筒瓦252块、陇垂251块、龙砖86块，每块上面有1条龙；加上壁身正反的18条蟠龙，就有637条龙了；在九龙壁正脊两侧的吞脊兽下，东、西还各有一块烧饼形的瓦当，每块上面也各有1条龙。这样一算，您心里就清楚了，这九龙壁上一共有639条龙。您看，这么多条龙不仅没有冲淡壁面上大龙的主体地位，相反，使整座九龙壁主题更加突出、布局更加匀称。我们可以想象，当年的工匠们是如何精心设计和巧妙构思才呈现出如此精湛的效果！

北海九龙壁雄浑壮观。历经了200多年的风雨侵蚀，依然流光溢彩、无比瑰丽。它静静地坐落在太液池北岸，以独有的方式，展现着中国古代工匠们的聪明智慧，展现着皇家园林深厚的文化内涵。它不仅仅是北海公园一处著名的标志性建筑，更是我国古典园林中一处难觅的艺术瑰宝！

# 叠翠楼

在美丽的北海，有一座驰名中外的古老园林——静心斋，它独具匠心的建筑风格、精巧华美的水乡风韵，能让人心驰神往、流连忘返。现在介绍的是这个小园子中最有特色的一组建筑——叠翠楼。

顾名思义，叠翠楼是一座隐藏在苍松翠柏中的楼阁。周围古树茂密，环境清幽隐秘，而且它距离紫禁城很近，有重大事情帝后们可以随时回宫处理。叠翠楼既能修心正身又不耽误工作，是慈禧老佛爷的钟爱之地，因此慈禧太后还亲自为它题写了匾额。

叠翠楼分为上下两层，一层就是当年慈禧休息用膳的地方。慈禧太后的生活非常奢靡，也十分注意养生，她认为居住环境也是养生的一个重要因素。

大家一定都看过一部很火的宫廷剧《甄嬛传》，那里面的宜修皇后不喜欢用燃香来熏房间，她所用的是水果。

我们都以为是戏说，其实在现实生活中，也确有其事。慈禧太后当年在叠翠楼一层休息的时候就命伺候的太监宫女将各种全国各地进贡的水果摆在特制的盘子里、缸里，让这些五颜六色的水果散发自然的香味，幽幽的清甜果香四溢满屋，这些水果每三天便要更换一次，比熏香更天然、比人工香更高雅。

现在我们再来看楼的二层，房间外面有一圈挑檐的阳台，环绕着整个楼间，不仅可以绕楼随意走动，更可以从不同的角度欣赏园内外的风景。向南望园内古树参差、奇石罗列，远眺太液池湖光秀色、碧水蓝天，赏心悦目，就像现在的"海景房"；向北眺望，园墙之外，是地安门内繁华的闹市卖场，人来人往，买东买西。慈禧太后长居深宫早已不知平凡人生活的快乐与辛苦，这一切对她来说无疑增添了一种对往昔生活的追溯之情。相传豌豆黄芸豆卷就是慈禧在这里休息赏景时，所发现并列入宫廷小吃当中的。

叠翠楼建于1885年，比园内其他的建筑足足晚建了100多年。这是为什么呢？

这里隐藏着一段沉痛的历史背景。光绪帝继位后，他的生父奕譞为了儿子不得不去讨慈禧太后的欢心，打算为慈禧重修三海，但是那个时期的清政府可以说是国库空虚、入不敷出，在国家财政捉襟见肘的危难时刻，他将如何筹措维修园林的巨大经费呢？在光绪十一年奕譞有了拨钱的机会，在这一年他被慈禧任命为总理海军事务大臣，筹建整个中国海军。建设海军就是一个肥缺了，要买舰艇，要配备部队，要加各种各样的东西，钱自然就多了。于是他以恢复海军旧制的名义，在三海和昆明湖上操练水军为由，大肆地挪用公款来讨好慈禧。他到底用了多少钱呢？他大约挪用了430万两。对于这个数字我们可能比较模糊，那在当时这430万能做什么事情呢？当时的北洋海军有7艘主力舰，这7艘主力舰在购买过程中一共花费了700余万两，430万对700余万几乎可以抵北洋海军一半以上的军舰资金了，而且奕譞在做总理海军事务大臣的9年间，北洋海军没有添一艘舰只。我们这里的叠翠楼就是在那时挪用北洋海军的经费所添建的，因此它也就比乾隆爷修建的静心斋晚了一个多世纪。

慈禧和奕譞在大肆修建园林上应该说是满足各自的私利。慈禧是为了归政以后自己有一个养老的场所，而奕譞更多的则是曲意逢迎慈禧，来为自己的儿子打点未来，两个人各自站在自己的私利上大量地挪用了海军经费，我们说随后所引发的中日战争中大清朝的惨败，奕譞和慈禧是难辞其咎的。

花费巨资、造型精致的叠翠楼自建成之日起就备受老佛爷的青睐。1889年后慈禧转住西苑，以仪鸾殿为寝宫，勤政殿为议政堂，静心斋作临幸别墅。每日散朝后，她都要到叠翠楼用膳和休息。

斗转星移，权倾一时的慈禧老佛爷早已退出了历史的舞台，然而叠翠楼却依然风采依旧，它不仅为静心斋这座精致的小园子增添了一道靓丽的风景，更是这段历史的最好见证！

# 国之瑰宝——渎山大玉海

当您步入团城南门，一定会被眼前这块巨大的黑质带有白章的墨玉所吸引，它并不像人们印象中玉器的温婉细腻，而是极具雄浑阳刚之气，这就是被誉为中国玉器之最的巨型玉雕——渎山大玉海。

渎山大玉海，俗称玉瓮，高70厘米，膛深55厘米，重达3500千克，是元世祖忽必烈下令制作，由大都皇家玉工用一整块河南南阳独山玉精雕而成。大玉海形体古朴厚重，气势磅礴，雕刻纹饰既粗犷奔放，又细腻精致。如果您仔细观赏，会发现在玉石表面雕有许多精美的图案，工匠根据玉石天然的纹理，巧妙地勾勒出波涛汹涌的大海，并采用立体浮雕工艺刻画出出没于惊涛骇浪中的海龙、海马、海牛等13种海兽。这些动物神态逼真、栩栩如生，特别是在阳光的照射下更显生动，仿佛随时准备破壁而出，都要急匆匆地赶来向忽必烈祝福献礼。整幅图案宛如一幅隆重热烈的万国朝拜图，具有强烈的艺术感染力。

像这样一件精美绝伦的玉器，在当时究竟有什么作用呢？难道只能作观赏吗？您觉得它还有什么其他的用途吗？其实呀，这渎山大玉海有着很强的实用功能。我们都知道蒙古人性格豪爽，善于饮酒，酒在他们的生命里扮演着重要的角色，而玉瓮就是忽必烈大宴群臣时贮酒的容器，据说可贮酒30余石，足够数千人同时饮用。也许听到这您会有这样的疑问，30石到底有多少呢？给您举个例子：如果按现在一瓶酒500毫升计算的话，大约需要3000瓶才可以将玉瓮盛满，如此"海量"，称它为大玉海可谓是名副其实！

这件出身高贵、地位显赫的稀世珍宝，在它的身上又会演绎着怎样的传奇故事呢？据《元史》记载，玉瓮最早并不在团城上，而是被忽必烈下诏放在琼华岛的广寒殿前，就是现在白塔的位置。广寒殿殿宇高大，构思巧妙，是忽必烈颁布政令、举行重大国事活动的地方。但可惜的是，在明万历七年，广寒殿毁于一场大火之中，渎山大玉海也随之流离失所，饱受风霜。大玉海去哪了呢？直到1745年的一天，深爱玉器的乾隆皇帝得到了一个好消息：渎山大玉海找到了！这个消息让他龙颜大悦，兴奋异常。原来，西华门外真武庙的道人无意中在瓦砾堆里发现了废弃的大玉海，他们见玉瓮内膛很大，以为只是一只没人要的石瓮，便把它当作了腌菜缸。得知了玉瓮的下落后，地方官员马上率兵来到真武庙。道人们见一下来了这么多官兵，不知道发生了什么事情，有些惊慌失措，当了解了内情后，一个个又惊得目瞪口呆，万万没想到，这个在庙里传承了几代人、一直被当作咸菜缸的"大石瓮"竟然是一件无价之宝！道人们无意中保护了国宝，为了表彰他们的功绩，乾隆皇帝下旨花重金赎回渎山大玉海，并在团城承光殿前专建玉瓮亭将其珍藏，先后四次对玉瓮进行修复，足以看出乾隆皇帝对它的珍爱程度。

朋友们，当您面对这件经历了七百多年沧桑的元朝珍品，不知是否和我一样会联想到广寒殿上君臣的酣饮、真武庙里道人的清苦、承光殿前乾隆皇帝的吟咏……但这一切都已成为历史的陈迹，如今的渎山大玉海，为展示中华民族的悠久文化，才真正焕发出新的灿烂光辉！

# 珍贵的元代遗物——铁影壁

在波光粼粼的北海北岸，五龙亭的东北，有一座色质玄红的影壁：人们都管它叫铁影壁。它真的是用铁铸成的吗？为什么北海这里会有铁影壁呢？下面就随我一起揭开它这层神秘的面纱。

影壁，是北京四合院建筑形式中的一个建筑构件。相传，"影壁"二字就是由"隐蔽"一词的谐音转化而来的。老北京人认为，户门对户门是非常不吉利的。所以，他们在置备房产时，常多购一块地皮，建一个影壁，这样一来回避了门对门的矛盾，还遮挡了外人的视线，防止窥视，并且，雕刻精美的影壁还有很强的装饰作用。建于元代的铁影壁，由一整块中性火山岩雕刻而成。呈深赭色，因色泽如铁而得名。其实，它不是铁铸的，而用火山喷发的岩浆冷却后形成的岩石雕凿而成，酷似生铁，故而人称铁影壁。

铁影壁长3.56米，高1.89米，雕刻十分精美。正面雕刻的是一只狻猊，狻猊是龙生九子之一，生性喜烟好座，常常被雕刻在香炉之上，随烟吐雾。这只狻猊好像栖息在山林之中，在它的周围还刻有山石和树木，前后和腹下还有3只小狻猊，在嬉戏玩耍。形象十分生动。而背面雕刻的则是一只威武的麒麟，同样是龙生九子之一，被人们称作瑞兽或仁兽，因为只有在天下太平或者世间有圣人之时，它才会降临人间。传说麒麟可以给人们带来子嗣，使家族兴旺，因此也有麒麟送子之说。而在铁影壁的壁座四周还雕刻有展翅飞翔的天马，它们互相勾勒出一组花边，雕刻十分粗犷、生动。一根根的马鬃清晰可见，彰显了元代雕刻技艺的精湛水平。

那么大家可能会有疑问，北海为什么要建一座铁影壁呢？

其实铁影壁原非北海之物，它最早是元代建德门内一个古庙外的照壁。

相传很早以前，北京所在的幽州有这么两条龙，在北京建筑了城墙以后，他们变成了一对老夫妻在北京城里悠闲地生活着，人们管他们叫作龙公龙婆。有一年，北京城突然猛刮西北风，有时候甚至三四天不停，每刮一回，北京城就添了几寸厚的土。好心的龙公龙婆觉得要是风这么刮下去，北京城还不早晚叫土给埋上了？他们一商量，决定出去看看，到底这风是从哪里刮来的？不知不觉，龙公龙婆就走到了元朝的旧城门——建德门，看到了城墙根底下，坐着两个人：一个是风婆，一个是云童，两个人正商量着怎么土埋北京城呢！龙公龙婆赶忙上前阻止，经过一番激烈地搏斗，龙公龙婆战胜了风婆和云童，保住了北京城。打这儿起，北京城风少了，沙土也少了。为了纪念龙公龙婆，更为了震慑风婆和云童再来捣乱，人们便修筑了这座精美的铁影壁。

明朝初年，废弃了建德门，把北城向南缩短了五里，同时有人也把这影壁从北郊移至德胜门内的护国德胜庵前，它在这里度过了500多年的岁月。因为有了这一影壁的缘故，那个胡同也被叫作了铁影壁胡同。1947年，为了防止帝国主义分子和奸商将铁影壁盗运出国，爱国人士将它移置北海公园。1986年，又从铁影壁胡同把底座移到了北海，使之合二为一。

铁影壁与地安门的金门墩、东安门外的银闸、新街口北大街铜井胡同的铜井、太液池北岸的锡殿，并称为老北京"金银铜铁锡"五大金属古迹。历经几百年，其他的四大金属古迹都已经在沧桑岁月中不复存在了。现在只剩下元代遗物铁影壁静静地矗立在太液池北岸。

据专家考证，像铁影壁这样精美而又完整的元代大型浮雕除居庸关云台之外，尚无他处。它的雕刻技术和艺术构图都极其精美，是北京乃至全国为数不多的元代雕刻艺术珍品，同时也是元、明时期北京城市变化的实物例证。

中山公园地处北京市中心，东邻天安门，是一座具有纪念性的古典坛庙园林，是全国重点文物保护单位、首都文明单位、精品公园、国家AAAA级旅游景区。辽代曾是兴国寺，元代改称万寿兴国寺。明永乐十八年（1420年），按照《周礼》"左祖右社"辟建为社稷坛，是皇帝祭祀土地、谷神的地方，也是皇权王土和国家收成的象征。1914年，北洋政府将社稷坛辟为公园向社会开放，初称中央公园，是当时北京城内第一座公共园林。1925年孙中山先生逝世，在园内拜殿（今中山堂）停放灵柩，举行公祭，1928年因此改名为中山公园。园内有社稷祭坛、中山堂等著名景观。

# 中山公园

# 屋脊上的神兽

　　走进秀丽典雅的中山公园内，您可能会被苍老道劲、嵯峨挺拔的古柏所吸引，也可能会被园内的主体建筑社稷坛所吸引。在您欣赏美景、古建筑的时候是否注意到了屋脊边缘处那些小巧的雕像呢？它们叫什么？又为什么安放在那里呢？

　　这些小巧的雕像最前面的是骑凤仙人，后面一排小兽称为走兽或蹲兽。古建行内部也称它们为小跑或"走投无路"。因为它们已经"走"到了檐角的最前端，再向前一步就会掉下去，真的是"走投无路"了。

　　之所以把它们安放到屋脊的檐角处，是因为中国古代的屋脊是由木材上覆盖瓦片构成的。屋脊的坡度会使瓦片下滑，因此，人们用铁钉来固定住檐角最前端的瓦片。为了保护铁钉免受雨雪侵蚀，角兽就用来当作铁钉的帽子，在追求钉帽的美化过程中就逐渐产生了这些栩栩如生的小兽。

　　各位您可曾数过中山公园内都有哪些建筑上有这些小兽呢？而在仙人后面又有几只走兽呢？在中山公园内建筑等级最

高的是拜殿了。当年这里是皇帝祭祀日遇到风雨时避雨望祭的地方，您可以在这里找到7只走兽，也是中山公园内走兽数量最多的建筑。南坛门上也有5只走兽，在南坛门对面的习礼亭上走兽的数目则是3只，这里是各地文武官员用来熟悉和演习在朝见皇帝时如何行礼的地方。细心的您一定已经发现了这些走兽的数目都是不同的，而且都是单数。那是因为清朝时，对走兽的数量、大小及排列等都作了严格的规定。根据建筑规模和等级不同而数目有所不同，多为1、3、5、7、9等单数，但也有破例的，如故宫太和殿的屋顶上就有10只走兽，显示出了它独一无二的地位。

据《大清会典》上说，这些琉璃釉面的小兽最前面为"骑凤仙人"，后面依次排列着：龙、凤、狮子、天马、海马、狻猊、狎鱼、獬豸、斗牛。您可能会问为什么把"骑凤仙人"放在最前端，这个"仙人"究竟是谁？为什么骑着凤凰？据说这位仙人是齐闵王的化身，他在一次战斗中被敌人打败，仓皇出逃。危急之中一只凤凰飞到眼前，齐闵王骑上凤凰渡过大河才化险为夷。因此，人们把他放在众多神兽的最前面，也象征着逢凶化吉。其他小兽的设置也包含了不同的寓意：龙，是传说中一种能兴云作雨的神异动物，是皇权的象征；凤是古代传说中的百鸟之王，象征祥瑞；狮子，代表勇猛威严；天马、海马是吉祥的化身，狻猊是传说中能食虎豹的猛兽；狎鱼是海中异兽，是灭火防灾的能手；獬豸是传说中能辨别是非曲直的一种独角猛兽，是正大光明、清平公正的象征；斗牛是龙的一种，可除祸灭灾。从它们的寓意上我们可以看出选择这些神话动物作为装饰，不仅突出了殿宇的威严，也充分地体现了人们风调雨顺、国泰民安的愿望。

中国著名的现代建筑大师梁思成曾这样称赞这些屋脊神兽："使本来极无趣笨拙的实际部分，变为了整个建筑物美丽的冠冕。"毫无疑问，这些小兽是中国古代工匠们智慧的结晶，使古建筑更加的宏伟庄重，同时它们也蕴含了大量的历史文化，见证了中华民族的辉煌与文明。

# 中山公园长廊

　　廊可以说是中国古典园林建筑中非常重要的组成部分。它不但形式多种多样，而且它的多彩和精致也是其他建筑形式所不能及的。大家也许知道，廊这种建筑形式在我国古建筑中有着悠久的历史。最初它只是建筑物的一小部分，也就是我们所说的屋檐部分，后来发展成为两个建筑物之间相连的纽带或依附于其他建筑物而存在。早在晋代就有王凯、石崇以廊比富的故事，春秋时吴王为西施建有"响屟廊"，以及后来我们所熟知的花廊、水廊、爬山廊等。

　　中山公园长廊于1924年修建，初建的长廊为黑瓦卷棚过陇脊屋面，两山为歇山、梅花方柱，一共有186间。1971年对工程拆除的长廊进行全面修复。修复后的长廊共有271间，中间的垂花门共有7座，至此中山公园里的长廊全部完成。

　　园林专家陈从周在他的《苏州园林》中曾说："园林游廊为园林的脉络，在园林建筑中处极重要的地位。"中山公园里的长廊就是这样，具有实用和观赏的双重价值，犹如优美的线条，曲折多变地在小小空间里，勾勒出奇妙多姿的图画，就像是一位高明的"导游"引领你走上一条巧妙的观景线路，一景又一景、一"村"又一"村"地尽情领略不同风光。正是它们的巧妙结合，才使公园南部的主要景点串联在一起，较好地完成了"廊"这一中国传统园林建筑的作用。如果说亭、台、轩、榭等建筑物是为游客提供的静态的观景点，那么游廊就是为游客提供的动态的观景线，人在其中不断变化观赏风景的视角，欣赏逐渐展现的园景，步移景异，体现出游园虽小，却意境见长的特点。

除此之外，长廊最吸引人之处还在于它是一座名副其实的彩画长廊。长廊上的梁枋之间，布满了色彩鲜明的彩画。人们在长廊中漫游欣赏的时候，就仿佛是走入了一座建筑别致的精妙画廊。说起中国古代建筑彩画基本可以分为和玺彩画、旋子彩画和苏式彩画三大类，而现在大家所观赏的长廊彩画则属于"苏式彩画"。苏式彩画因为起源于南方苏杭地区民间传统作法而得名，没有固定结构，全凭画工发挥，同一题材可以创作出不尽相同的画面。这些彩画大体可以分为人物、山水、花鸟、建筑四大类，其中，人物包括中国历史人物、中国四大名著等；山水是以名山大川为题材；花鸟类则运用四君子"梅、兰、竹、菊"等植物分别象征"傲、幽、坚、淡"四种气质，并绘制仙鹤、蝙蝠、喜鹊等吉祥禽兽，代表松鹤延年、竹梅双喜等主题画作。这里可能有人要问，为什么长廊上要绘制这些彩画？而且要选择这些内容呢？我们都知道，不同的民族有不同的审美情趣，因此各民族艺术在形式上也各有特点。埃及的神庙以黄色花岗石为基调，希腊神庙则以洁白的大理石为主色，而我们中国古代建筑多为木结构，讲究雕梁画栋，因此以色彩富丽著称于世。所谓雕梁画栋，也就是我们所说的油饰彩画。它最初是源于木构建筑的防腐要求，仅在木材表面涂红色或黑色油漆，目的在于保护木质，具有显著的实用性。因此，"雕梁画栋"蔚然成风，彩画艺术便发展成为一种最具特色的装饰形式。

希望您在长廊中漫步游览的时候，能感受到长廊彩画中所承载的中华传统文化的丰富内涵，体会中山公园百年来的历史文化。

# 兰亭八柱亭

　　中山公园在明清时期是皇家的社稷坛，祭祀土神和谷神的场所。它于1914年对游客开放，至今中山公园对外开放了100多年。园内除了您熟悉的主体建筑社稷坛外，还有其他31处景观，其中之一就是文坛佳话——兰亭八柱亭。

　　兰亭八柱亭也称兰亭碑亭，原是圆明园四十景之一"坐石临流"中的一个景点。1860年英法联军火烧圆明园时，"兰亭碑亭"被毁。1917年，移至中山公园，后在唐花坞的西侧，重建了这座"兰亭碑亭"。兰亭是一座孔雀蓝琉璃瓦重檐八方亭，亭子上方的匾额"景自天成"和亭内的"引派涵星"都出自乾隆御笔。

　　说到兰亭，您一定会想到一位古人，那就是晋代大书法家王羲之。那这座亭子到底与他有着怎样的关系呢？在亭内有一块石碑和八根石柱，石碑的正面刻有《兰亭修禊图》及《题记》，这幅图反映了王羲之《兰亭集序》中描写的景象。修禊起源于中国周代的一种古老习俗，就是在农历三月上旬巳日这一天，人们相约到水边沐浴、洗濯，并用香薰草浸水洒在身上，意思是去掉一年不祥的征兆，祈祷来年幸福平安，以表吉祥。王羲之等人在举行修禊祭祀仪式后，来到兰亭清溪两旁席地而坐，将盛了酒的觞放在溪中，由上游漂流而下，经过弯弯曲曲的溪流，觞在谁的面前打转或停下，谁就即兴赋诗并饮酒。据史书记载，这次聚会共42人，其中11人各作诗两篇，15人各作诗一篇，16人作不出诗，各罚酒三觞。王羲之将这些诗赋辑成一集，用蚕茧纸、鼠须笔挥毫作序，乘着酒意写下了举世闻名的《兰亭序》，被后人誉为天下第一行书。王羲之也因此被人们尊为"书圣"。石碑的背面刻有清高宗御制诗，从中我们可以看出建这座兰亭的因由以及乾隆皇帝对《兰亭帖》的喜爱之情。石碑的四周围绕着8根石柱，上面分别刻有历代著名书法家和乾隆本人临摹的8册《兰亭序》及《兰亭诗》。按着石柱顺序依次是虞世南、褚遂良、冯承素、柳公权、清内府勾填《戏鸿堂》刻、于敏中、董其昌及乾隆，其中冯承素临摹的兰亭序最接近原著并且清晰，所以是书法学习者较好的范本。说到这里您也许会问，既然乾隆皇帝这么喜欢《兰亭序》，为什么不将原本镌刻在石柱上呢？那是因为王羲之的《兰亭集序》自问世后受到文人雅士和统治阶级的喜爱，唐太宗善书法，对《兰亭序》更是酷爱，所以临终时嘱咐将《兰亭帖》随葬，从此以后流传于世的都是临摹本。

"文化大革命"时期"破四旧"，园内的一些文物也未能幸免于难，像青云片上镌有乾隆御题的"青云片"三字以及律诗8首，均遭到磨损。当时红卫兵还勒令公园拆除兰亭碑，公园的老职工非常机智，为保护文物，用三合板做一木罩附于碑外，木罩外涂漆做成毛主席语录牌才得以保存。

# 社稷坛

  古人对天地多有敬畏之心，因此在我国古代一直存在着社稷祭祀的制度。社稷坛始建于明永乐18年（1420年），即是明清两代祭祀社神和稷神的场所。传说社和稷是两位神仙，社神管土地，稷神管谷物。

  关于社和稷的身份，民间也有很多传说。相传神农氏第十一世孙句龙是一位地质学和土壤学专家。他能分辨出各种土壤的性质，种植各种农作物，人们为纪念他，尊他为后土，就是土神。而稷神也叫"弃"，是一位精通农事的农艺师，传说他的母亲在一次外出郊游时，发现地上有很大很大的足迹，便试着踏上去比大小，刚一踏上去，就感到身体为之一振，精神上好像受到什么感动，回到家不久就怀了孕，生了一名男婴。人们没法承认这个没有爸爸的孩子，把他弃于荒野，可是牛羊喂养了他，飞鸟用羽毛为他保暖，于是他存活了下来。"弃"从小喜爱农物，尝试种植各种野生种子，果实成熟后比野生的大而且肥厚，又香又甜。他教会人们种植各种农作物，使人们在生活上有了保障，人们为感激他，尊他为稷神。

  传说毕竟是人为的杜撰演绎或想象，但从中我们可以感受到我国作为农业大国对土地和农业的重视。在封建社会全国有大大小小的各种社稷坛，今天中山公园是唯一保存较为完整的明代社稷坛。

在明清时期每年农历二月和八月的第一天，皇帝都要把太社太稷的神主牌位从神库中请出来，供奉在坛上，率领文武百官，捧着盛有五色土的祭盘，面朝南背朝北，行三跪九叩大礼，祈求土地神和谷神保佑，农事顺利、风调雨顺、五谷丰登。历史上明清24位皇帝在这里举行过1372次的祭祀活动。

社稷坛是用艾叶青石铺成的三层正方形平台，高0.96米，上层方15.95米，中层方16.90米，下层方17.85米，坛面上铺垫着五种颜色的土壤，分别是南红、西白、北黑、东青、中黄，按我国古代阴阳五行学说安置，因此它被称为五色土坛。那么这五种颜色的土分别代表什么呢？

其实，这五种颜色的土分别代表了五个方位，东边是青土，代表着东边的大海；西边是白土，代表西部白色的沙；南边是红土，象征南方的红土地；北边是黑土，象征北部的黑土地；而中间的黄土，就是黄土高原的寓意了。在土中间有一块突起的方石，上锐下方，半埋土中，称"社主石"或"江山石"，代表江山永固的意思。封建皇帝将五色土集于一处，不仅体现了我国古代阴阳五行学说，同时也表示皇帝一统天下，正所谓"普天之下莫非王土"。清朝乾隆皇帝曾写诗赞美道"物备九州供，土分五色方"，说的就是我们面前的五色土。

在五色土四周的琉璃矮墙颜色也与五色土的颜色一致，矮墙也称为壝埒。明朝初建时，用砖砌墙，后涂上青、赤、白、黑四色。清乾隆二十一年，将壝埒改用四色琉璃砖瓦砌成，与坛台相呼应，垣四面各有一个棂星门，白石筑成，每门原有棂星式朱漆门两扇，现已无存。

昔日的皇宫禁院，今日已成为清新静雅的现代化城市园林，它集坛庙园林和现代园林于一身，不仅体现了我国深厚悠久的历史文化，又随着时代的发展融入了现代城市园林的气息，在首都园林史上留下了不可磨灭的印记。

# 习礼亭

习礼亭，即朱棍石阶六方亭，也称演礼亭。此亭建于明永乐十八年（1420年），原址在正阳门内兵部街鸿胪寺衙门内。1900年，八国联军入侵北京，鸿胪寺衙门被焚烧，但习礼亭却得以幸免。后来英国军队占用鸿胪寺基址做操场操练部队，清政府只得将习礼亭迁入户部街礼部衙门院内。清朝末年，礼部改为典礼院。辛亥革命后，1912年典礼院由盐务署占驻。1915年，盐务署将此亭捐给当时的中央公园。

我们前面提到的鸿胪寺是个官署名，而不是寺名，它是一个司礼的机关，专门负责朝会和宴飨等礼节。起初就是为皇帝上朝开会时，主持礼仪的场所。其作用就像如今的婚礼主持人，晚会主持人，皇帝的专属话筒，说声："上朝""下朝"，主持各样典礼等。

说完了鸿胪寺，我们再来看看眼前的这座习礼亭。在介绍这座亭子的来历之前，先看一下亭子的外观。往上看，在亭沿上面有三只小神兽，分别是龙、凤、狮子。大家可能会有这样的疑问，为什么只有三只呢？这是因为在古代的宫殿以及建筑上神兽按照等级分为三六九等。习礼亭的等级是最低的，但是您不要小看这座亭子，因为在这里您会学到觐见皇帝的各种礼仪。中国自古就是"礼仪之邦"，君臣长幼、父子弟兄，不能乱了朝纲，乱了辈份，这就是规矩，就是分寸。无论什么朝代，礼仪都是很重要的，礼仪就像一把尺子，它衡量每个人的行为规范，大到定国安邦，小到家庭琐事，有礼仪的地方就可以很好地处理各种事物，没礼仪的地方就会鸡犬不宁。家要有家规，国要有国法，对内能求得平稳，对外能显示教养。所以在封建帝王时代，文武官员和外国使臣，在觐见皇帝时，要施行一套繁琐的礼节，山呼万岁、三跪九叩。如果在皇帝面前失了礼节，触犯了天颜，是要受到严厉处罚的。他们来到京城，首先要学会觐见皇帝的礼仪，也就是三跪九叩的次序和步骤，并且要做到动作规范，举止得体。臀部要尽量低、头部要尽量高，尽显卑躬的奴才样。因此，才设立了这么一座习礼亭，凡是觐见皇帝者，不论是中国人，还是外国人，都得先到这里，在侍仪官员的指点下，演习礼节，直到完全熟练为止。明清时期，百官觐见皇帝时，除行跪拜礼之外，在礼仪上面还有很多礼节要学习。比如出入朝时，不准在皇宫的御路上行走，必须侧道而行；一品以下的官员如果遇到公、侯、驸马等时，要立即一旁站立，行走时要从后；行礼和退朝时，一律按照文官在东、武官在西的定制行走，不许越界、不许横跨御路，等等。现在我们虽然调侃那些官员，想象那些官员的局促样子，但是我们换位思考一下，在那样的年代，如果能亲眼见见真龙天子，亲自走进皇宫大殿就已经是不得了的事了。这些就是习礼亭的来历。

看来，习礼亭在鸿胪寺衙门内的存在和作用是非常重要的，而我们现在看到的这座习礼亭，依然保持着它原有的面貌。现在在亭内的展板上也很好地再现了百官觐见皇帝时的情形，您感兴趣的话也可以进去参观学习。

# 朱启钤与中山公园

回顾中山公园的百年历程，就不得不提到一位老人，他就是朱启钤先生。

朱启钤，字桂莘，号蠖园，贵州开阳人。在我国的文物收藏界，朱启钤更是闻名遐迩，被誉为"中国缂丝收藏第一人"。早年间，朱启钤曾从前清恭亲王奕譞后人手中购得一批从宋代到清代的缂丝、刺绣珍品，大约280件。这些缂丝多是皇帝御赐，异常名贵。日本实业巨子大仓喜八郎得知这一情况，趁机提出愿以百万巨金购买他的珍藏。颇具民族自尊心的朱启钤以自己喜欢为由婉言谢绝，私下对家人说："这批国宝就是卖，也坚决不能卖给外国人。"1929年，朱启钤组织创建了中国营造学社并影刻宋版《营造法式》，急需经费，他第一次想到了出售这批精品，但当时能购买得起这些缂丝的大多是外国人，朱启钤一时十分心烦。这时，与他有姻亲关系的张学良问询后提出由他来接手，于是这批缂丝精品最后以20万银元半送半卖的价格售予张学良。出手前朱启钤反复叮嘱他："不要让这批珍品流失海外，尤其是日本"。张学良不敢大意，随后就将这批国宝放在他的东北边业银行金库中悉心保存。

抗战胜利后国内战争开始，朱启钤担心这批国宝在战火中损毁，正好当时的王世襄先生在"清理战时文物损失委员会平津办事处"任职。朱启钤请求王世襄以该处名义拟一呈文，在宋美龄来沈阳时，亲自向她面交，恳请宋美龄将这批国宝空运到安全处所。

在宋美龄的干预下，这批国宝不久即空运北平，先存放中央银行，后转由故宫博物院保管。中华人民共和国成立后拨给辽宁省博物馆，一直珍藏至今。在朱启钤的亲属提供给记者的资料中，已故的王世襄先生对此事作了详细的叙述，而朱启钤对国家宝藏的珍视和保护也令他的后代们倍感骄傲。

中山公园前身是明清时期的社稷坛，后开辟为中央公园。公园初创时期十分艰辛，斩除荒秽，兴起土木，浩大工程需要一大笔巨款，然而当时政府财政支绌，无力拨款，而修建又不能一味等待。于是朱启钤倡导、邀集社会各界人士共98人为发起人，像热心公益人士及社会团体发起募捐，经两次捐募共获大洋5万余元。1914年9月开始整修园容以来，仅用了十几天，就对外正式开放。时任内务总长兼市政督办的朱启钤，政务缠身，却为了开辟社稷坛，在半年多的时间里，一人独运精思、组织、指挥工役施工操作。每天必定会抽时间亲临公园检查督率，身为高官而不辞辛劳，实在是难能可贵。

为了节省建园费用，而用拆除大清门内的千步廊朝房废材，修建公园房舍、长廊。为此流言四起，阻力横生，有说"坏古制、侵公物"，或说"好土木、恣娱乐"，甚至有人说破坏了京城风水，一时满城风雨。朱启钤承受了极大的压力，但他不顾谤言，处置大度，坚持己作，到第二年新建景物完竣，世人看后流言自灭。

朱启钤主持公园修建工程之速度和节俭，也颇惊人。从1914—1916年，辟门修桥，凿池堆山，造景筑路以及各处堆砌山石，栽植花木等，均告完竣。按当时常理推测，少则需要10多万元或20万元以上，但在朱启钤的主持下仅花了6万余元，这足以说明主事者的刻意节俭之风。对于募捐来的经费，更是归实归用，不滥花分毫。像这样为公众之事，尽心尽力办理工程的人，实在是前所未见。

创建公园只是朱启钤一生事业中的沧海一粟，但他对中山公园的建设发展十分珍惜与看重。正如他在《一息斋记》中所言："余从政10年，……跋前踬后，隳弃垂尽，都未尝一顾，独于斯园之建置流连不已。"直到新中国成立以后，虽然已是耄耋之年的朱启钤，还时常到公园巡游审视，见有不当之处，即向公园负责人提出，不吝匡正指点，可见其倾心之深，感情之笃。

朱启钤开辟建设中山公园功不可没，但他面对所取得的成就，只为略尽微责而自慰。当后人表彰他对公园建设殚精竭虑、功绩彰著时，他总是谦虚地表示："公园之振兴全仰群策群力，通力合作，非我一人所就。"

太阳熊熊燃烧，因为它选择辉煌！梅花凌寒怒放，因为它选择坚强！大山直插苍穹，因为它选择刚毅！我们每个人的生命都是曲精心铺就的乐章，这乐章的主旋律是高贵或低贱，是幸福或痛苦，全在于我们自己的选择。"无欲则刚，刚则能强，强则能直，直则能勇，刚强直勇，你就会一身正气；无欲则公，公则能正，正则能廉，廉则能明，公正廉明，你就会两袖清风。"这就是朱启钤的选择。碾去岁月的尘埃，追忆先贤的伟绩，他们的光辉形象铸成了永恒的民族灵魂，他们的雄伟英姿构成了坚贞的中华脊梁。

景山始建于辽金时期，距今已有近千年的历史。景山公园位于北京城南北中轴线的中心点上，南依故宫，西靠北海，北与鼓楼遥遥相望，曾是北京城中心的最高点。景山是元、明、清三代的皇宫后苑，曾多次更名：青山、万岁山、镇山、景山等，民间还曾称为煤山。1928年景山被辟为公园，1957年定为北京市重点文物保护单位，2001年批准为全国重点文物保护单位，属国家AAAA级景区。

景山公园内古树参天，山峰独秀，殿宇巍峨，牡丹品种繁多，文化活动丰富。山上五亭横列，中峰万春亭坐落于北京城中轴线制高点，尽享天时地利，登临其上，可俯瞰故宫全景，一览京城轴线，领略整齐对称的布局神韵，品读气势恢宏的宫廷建筑。这里曾是明、清帝后祭祖追思的重要场所，保存着寿皇殿、观德殿、护国忠义庙、绮望楼等古迹文物，散发着浓厚的根祖气息，是传承和发扬中华孝道文化的圣地。

# 景山公园

# 寿皇殿

　　今天为您介绍的是景山文化内涵最为丰富的寿皇殿建筑群。

　　自明代起，皇帝在景山的北侧设置了宗庙——奉先殿。清代的皇帝延续了明代汉人的传统，仍然将宗庙建在了景山的北侧。乾隆十四年（1749年），乾隆皇帝为了表示对先祖的敬重，通过对庙堂的重新建设将庙堂的位置调整到与皇宫一致的中轴线上，从而提高了庙堂的建筑等级、扩大了庙堂的规模，并赐名为寿皇殿。

　　明清时期的景山寿皇殿是皇家举行丧仪和祭祀活动的场所。明清两代几十位皇帝（当然还包括无数的皇后和妃子）生时都要到景山祭祖以表示对祖先的敬仰；死后都在景山停灵，接受子孙的跪拜。皇家的祭祀活动多在景山寿皇殿进行，其规模宏大、形式隆重、礼仪严谨，采用的是祭祀礼仪的最高形式。

　　顺治十七年八月十九日，顺治帝最宠爱的皇贵妃董鄂氏

（即民间讹传的董小宛）死去，年仅22岁。顺治帝悲痛欲绝，破格追封其为"孝献"皇后，并超越皇后的礼仪等级大办丧事。当时，董鄂氏的灵柩停放在景山观德殿，大批僧人在殿内举行了"七七四十九天"的盛大法事，其间，顺治帝多次到观德殿亲自致祭。顺治十八年（1661年）正月初二，在景山观德殿前为董鄂氏举行火化仪式，同年正月初七顺治帝也因天花病死去。在乾清宫停灵27天之后，梓宫出东华门移至景山寿皇殿停灵，停灵百日之后，在寿皇殿前举行了隆重的火化仪式。

寿皇殿为景山正北的一组建筑，由正殿、左右山殿、东西配殿，以及神厨、神库、碑亭、井亭等附属建筑组成。它的宫墙呈方形，坐北朝南，外有四柱九楼木牌坊三座，分东、南、西三面，均为琉璃筒瓦庑殿顶。

现在我们所看到的就是清代的寿皇殿。寿皇殿建筑群整体院落是仿照太庙的规制而修建的。"砖城、戟门、名堂九室，一仿太庙而约之。"从规制上讲，属于中国古代最高等级的建筑形式。景山寿皇殿与太和殿、太庙的相同之处在于：寿皇殿同样为重檐庑殿式、殿顶全部覆盖金色琉璃瓦件、鸱吻南北挂镏金吻带，这些都是体现皇家建筑的特殊形式；寿皇殿的梁、枋、檩、桁等全部为金龙和玺彩绘，这也是中国皇权制度中最高等级的彩绘形式。

根据中国宫廷建筑的规制，宫殿的檐角装饰兽一般最高为每组9个。目前只有故宫太和殿的檐角神兽例外，是每组10个，其排列顺序为：龙、凤、狮子、天马、海马、狻猊、押鱼、獬豸、斗牛、行什。按照皇宫殿宇檐角装饰兽正常的排列方式，重檐建筑檐角的装饰兽不管是3、5、7、9几个一组，上下数量应该是一致的。令人费解的是：寿皇殿的下层檐角装饰兽为7个，上层檐角装饰兽为9个，这在北京众多古建筑中的确是绝无仅有的。以上诸多因素使清代的景山寿皇殿显得更加宏伟壮丽，庄严肃穆。可以说，景山寿皇殿是中轴线上保存最完整的建筑群落，也是景山文化内涵最为丰富的建筑群落。

今天，当我们漫步于后山的树林之中，看古柏参天、宫墙高耸，仍然会使人产生一种庄重、仰慕的感受。

# 绮望楼

　　景山公园是一座环境优美的古老皇家园林。今天的景山保留着辽代的山，金代的园林格局，元代的忽必烈亲耕田，明代的寿皇殿和清代的五方佛亭。今天我将为您介绍一下美丽壮观的"绮望楼"。

　　"绮"字单讲是美丽的意思。"绮望楼"顾名思义就是最佳观赏美景的地方。早在明朝，这里曾经建有五开间的大殿。清代康熙年间，康熙皇帝经常在这里宴请各地来京朝贺的文武官员和各国使臣。清朝乾隆十五年（1750年），乾隆皇帝命人拆除了原来的大殿，在这里建造了绮望楼，用来供奉孔子的牌位。

　　我们可以看到绮望楼坐落在景山山脚下高大的须弥座上，它的建筑面积有1000平方米。绮望楼的整体建筑为三大开间，重檐歇山顶结构，分上下两层，高15米，宽20米，进深为8米，整体建筑都是金龙和玺彩绘。绮望楼的这种彩绘是清代最高等级的彩绘，一般只有在皇宫中的主要建筑才可以使用。而绮望楼的这种重檐歇山顶结构在古建中是最基本、最常见的一种建筑形式。简单地说，歇山顶就是由前后两个大坡檐、两侧两个小坡檐以及两个垂直的三角形山墙墙面组成的。这种建筑形式在宫殿、园林、坛庙式建筑中是最为常见的。

　　不知道大家注意到了没有，绮望楼的地理位置非常的特殊。古时候，老北京的中轴线上一共有各种古建筑41座，其中景山占了8座，而我们眼前这座绮望楼就是其中之一。但是，如果大家细心观察的话就会发现在绮望楼宽敞的台阶中间，并没有云龙浮雕的丹陛石。这一点好像和它如此重要的地理位置不太相符。其实，道理很简单，因为这里并不是皇帝祭拜师祖孔子的地方，所以自然要和皇帝祭拜的场所有一定的区别。

清朝时，殿内悬挂着一块牌匾，内容是《诗书礼乐》，来自于孔庙，为乾隆皇帝所题。大殿正中供奉的是孔子的塑像及牌位，两边供奉的是"四配"。"四配"分别是颜回、曾参、孔及，还有孟轲。因为这四个人既是孔子的弟子，又是仅次于孔子的儒学大师，所以后人在祭祀孔子的时候，也把他们一起来祭拜。

刚才为大家介绍了绮望楼是供奉孔子的地方。有的游客就会产生疑问了：乾隆皇帝为什么要在这里供奉孔子的牌位呢？其实，早在清朝康熙年间，康熙皇帝看到有的八旗子弟不学无术，整天只知道吃喝享乐，所以，担心大清的基业以后会毁在他们的手里。于是，康熙皇帝就在离自己最近的地方，皇宫的后面，景山北上门的东西两侧各建了50间官学堂，作为八旗子弟的学校。而到了乾隆十五年，乾隆皇帝命人兴建绮望楼，并在绮望楼里供奉孔子的牌位，方便官学堂的学生祭拜始祖，以利于他们勤奋学习，早成大业。

# 景山牡丹

　　景山公园的牡丹久负盛名。每年"五一"前后，园内的万株牡丹竞相开放与红墙古柏交相辉映，形成了北京最为壮观的画卷。

　　牡丹是中国十大名花之首，它被誉为"国色天香""花中之王"，它的花朵硕大，雍容华贵，深受人们喜爱。几经历史的演变，景山公园的牡丹已经成为了京城人民的骄傲，更是景山人的骄傲。目前景山共有牡丹260多个品种、2万余株。在这里您既可以欣赏到皇家御苑传统的牡丹名品，也可以观赏到久负盛名的洛阳牡丹、菏泽牡丹，除此之外，还有珍稀的紫斑牡丹、日本牡丹。景山公园的牡丹基本上涵盖了牡丹花的8个色系、9种花型，荟萃了华夏大地乃至世界的众多牡丹品种。独占花魁的牡丹有着集色、香、韵三者之美于一身的独特神韵。景山公园的牡丹更是因"花大、色艳、株高、龄长"而名冠京城。

　　现在我们来到了牡丹品种园，这里面种植的都是牡丹的珍稀品种。像眼前您所见到的这株绿色牡丹叫作'豆绿'。'豆绿'是绿色系绣球型的牡丹品种，它的株形中高，花梗较软，花开时花朵会微微下垂，是牡丹花中的晚开花品种。'豆绿'花开时颜色是浅绿色的。俗话说"黄芍药，绿牡丹"。它独特的颜色以及稀少的数量每年都吸引了无数的游人特意前来一睹它的芳姿。而这株墨紫色的'墨撒金'，则有着同'豆绿'完全不同的姿态。由于品种的不同，花开的形状也大不相同，属于荷花型的'墨撒金'在花朵绽放时更像是一朵墨色的荷花在炽烈地展现着属于自己的那份美丽。现在我们所见到的这株高大的牡丹叫作'二乔'。'二乔'是牡丹中的传统品种，并且是极为少见的复色品种。您看，眼前的这株'二乔'牡丹它是在同一株上开出紫粉两色的花瓣，而这一株'二乔'牡丹则是在同一枝上开出紫粉两色的花瓣。除此之外，'二乔'牡丹还可以一花两色，也就是说它可以在同一朵花上开出紫粉两色的花瓣，这在牡丹的众多品种中是绝无仅有的。

众所周知，牡丹的生长周期非常的缓慢，播种后4～5年才能开花，青壮年时期生长较快，枝形优美，着花众多，是牡丹的黄金时期。这个时期大概有25～30年。当牡丹种植40年以后，就进入了它的老年时期，长势就会变得衰弱，可我们刚刚看到的这株'二乔'牡丹为1950年所栽种，到今天，虽然它已经是64岁的高龄牡丹了，但是在我们园林工人的精心养护下，依然长势良好。除了这株老龄的'二乔'牡丹以外，景山还有其他的老龄牡丹，像那株46年生的'朱砂垒'，34年生的'银麟碧珠'等，在园林工人的培育下越长越好。可以说这些牡丹的树龄之长、植株之高、着花之多、干茎之粗，在北京乃至全国都享有盛名。

景山牡丹有着悠久的历史。景山种植牡丹的历史最早可以追溯到金中都时代。金代的诗人就曾经写诗这样描述过景山牡丹："旧年京城赏春浓，千朵曾开供一丛。"而在《大都宫殿考》中也曾有这样的记载："后苑为金殿，四处尽植牡丹百余本，高可五尺。"景山公园最老的牡丹生长期已经达百年之久。所以人们都说："看牡丹，上景山；看百年牡丹，还要上北京景山。"

春季的景山牡丹千姿百态，色彩艳丽。而到每年的春季景山公园都会举办牡丹展，到今年已经举办了18届。牡丹展已成为了景山公园重要的活动之一。近几年，公园不断丰富牡丹展的内容，开展了牡丹品种展示、科普知识竞猜、插花表演等活动，丰富了人们的生活，陶冶了人们的情操。

# 百年古槐

　　现在您所处的位置是景山公园最著名的人文景观——明崇祯皇帝自缢处。相传明朝的最后一个皇帝明思宗朱由检，就上吊自缢在这里的一棵槐树上。

　　崇祯继位之后正好赶上了连续9年的灾荒，明朝的百姓可谓是民不聊生，但其中还要数陕北地区的情况最为严重，陕北地区的灾民由于没有粮食吃，就只能靠吃蓬草和树皮度日，当蓬草和树皮也被吃光时，灾民就只能吃一种叫观音土的东西。观音土是一种白色的黏土，人们只要吃一丁点就会感到非常的饱胀，但是过不了多久就会感到下腹部坠痛然后死亡，所以当时陕北地区有许多灾民都是吃了观音土而死。尽管这样，当时的官府却依然利用苛捐杂税对灾民们横征暴敛，以至于在1644年的夏历3月，李自成率领40万农民起义军攻入北京城。

　　夏历3月18日的晚上，李自成要求明崇祯皇帝立即退位将皇位让给自己，崇祯作为一国之君当然是断然拒绝，于是李自成下令立即攻城。崇祯在得到通报之后仓皇地登上了景山观望，只见整个北京城已经是喊杀声一片，就连四处城门也起了火。他又急忙跑回了他的乾清宫。他跑回宫里做的第一件事便是叫人趁着混乱将他的3位皇子送出宫寻亲避难，接着他又拿起宝剑杀死自己心爱的数位嫔妃和小女儿昭仁公主。最后，他又来到了长女长平公主的住处，长平公主是崇祯皇帝最心爱的一个女儿，他不忍心看到长平公主被刺，于是他用衣袖遮住了自己的双眼一剑砍了下去，当他放下衣袖，只看见长平公主断了一个手臂倒在了血泊当中。天色已接近五更时分，崇祯敲响了景阳钟，本想召集大臣商议对策，而此时满朝文武没有一个人愿意出来共担国难。崇祯觉得自己众叛亲离真的成了一位孤家寡人。在孤独绝望中，他带着满身的血污，披头散发，光着一只脚出了紫禁城的神武门，又一次来到了景山。在国破家亡的绝望中，崇祯咬破了自己的手指，在衣襟上写下了遗照：作为一国之君，我失去了做皇帝的威德，招致诸侯反叛是命里注定的，由于诸位大臣贻误的结果，我没有能够保住祖宗留下的基业。我已没有脸面去见地下的列祖列宗，所以只好摘下冠冕，用头发遮住我的脸面，用衣带将自己吊死在这里，任凭贼寇将我的尸体四分五裂，五马分尸，但是我请你不要伤害我的一位百姓。在这里我们可以看出，崇祯确实还是一位好皇帝，因为在他临死的前一刻他还能想到自己的黎民百姓。就这样，崇祯在写完这份遗诏后，在一棵老槐树上，结束了他年仅33岁的生命。

　　游客朋友，你现在看到的这棵槐树并不是1644年崇祯皇帝上吊而死的那棵。原来的树已自然枯萎死亡了。为了还原这个著名的人文景观，景山公园从东城区移栽了一棵外形相似的槐树补种到这里，这棵树也有170多年的树龄了。所以游赏景山公园的时候，登临山顶一览故宫、古代建筑的美景的时候，也不要忘了去看看这棵百年古槐，缅怀先人和崇祯帝那宁死不屈的精神。

香山公园位于北京西郊，地势险峻，苍翠连绵，占地188公顷，是一座具有山林特色的皇家园林。景区内主峰香炉峰俗称"鬼见愁"，海拔575米。

香山公园始建于金大定二十六年（1186年），距今已有800多年的历史。早在元、明、清时，皇家就在香山营建离宫别院，每逢夏秋时节皇帝都要到此狩猎纳凉。香山寺曾为京西寺庙之冠，清乾隆十年（1745年）曾大兴土木建成名噪京城的二十八景，乾隆皇帝赐名静宜园。京西著名的"三山五园"中，香山公园就占其中的一山（香山）一园（静宜园）。咸丰十年（1860年）和光绪二十六年（1900年）包括静宜园在内的三山五园的大量珍宝先后两次被英法联军、八国联军劫掠。1956年，这里开辟为人民公园。

香山公园文物古迹众多，亭台楼阁似星辰散布山林之间。这里有燕京八景之一的"西山晴雪"，有集明清两代建筑风格的寺院"碧云寺"，有国内仅存的木质贴金"五百罗汉"，有迎接六世班禅的行宫"宗镜大昭之庙"，有颇具江南特色的古雅庭院"见心斋"……

香山公园树木繁多，森林覆盖率高达96%，仅古树名木就有5800多株，占北京城区的四分之一。香山公园园林内涵丰富，形成了"山川、石泉、古树、红叶"交相辉映的独特景观，是北京近郊的天然氧吧、避暑胜地。

# 香山公园

# "三班九老"宴

　　松林餐厅坐落于香山公园内，是一座以鲁菜为主的老字号餐厅。其菜系融合了同和居、丰泽园的特点，并根据当年乾隆皇帝在静宜园为母祝寿的历史进行深入挖掘，恢复了当年清宫寿宴的代表作——"三班九老"宴。此宴继承了中国宫廷宴席养生、保健的传统，非常适合老年人食用，堪称延年益寿之佳品。"三班九老"宴创建了香山独特的餐饮文化，是松林餐厅特有的品牌宴席。

　　据史料记载，乾隆帝对其生母崇庆皇太后极尽孝道。崇庆皇太后过七十、八十大寿时，在宫中设大型宴席的同时，特赐"三班九老"宴游香山静宜园。

　　"三班九老"是指在朝文官九老、武官九老和致仕九老，其中年龄最长者已有92岁，最年轻者也近70岁。

　　整个宴席是由饮、食、冷、荤、素共39道菜品所组成。

　　请看，桌上正中的看盘名为"松鹤延年"，取其不老常青、延年益寿的吉祥寓意。看盘周围的是亮席十二品和凉菜八品。

宴席头道茶为香茗一品"西湖龙井"。据说，当年乾隆皇帝下江南，在途听闻太后身体不适，不觉心里发急，随即将手中龙井茶芽装入袋内，日夜兼程返京，回到宫中向太后请安奉茶。太后喝完肝火顿消，连说这龙井茶胜似灵丹妙药。乾隆立即传旨年年采制此茶，专供太后饮用。此道茶的奉送也体现了"百善孝为先"的传统美德。

"三班九老"宴中最具有寿宴特色的热盏一品：九老聚八仙。这道热盏采用8种珍馐煨制而成，真所谓"八仙肚中不老汤，帝王盏内神仙羹"。

碗菜四品为吉祥鸭子、如意狍子、福禄里脊、寿禧口蘑鸡。碗菜保留了满族祖先以碗盛菜的传统，是"三班九老"宴中最具满族特色的菜品。同时，蕴含"祝愿各位贵宾吉祥如意、福禄寿禧"的寓意。

面点二品为宫廷馍馍和金钱酥，寓意平安如意、福禄双全。

"三班九老"宴的精髓是盘菜四品"万寿无疆"。

万顷湖为美，百鸟朝凤来。"万"字菜，百鸟朝凤以鲁菜特有的手法扒制鱼翅，并配以大虾、鸡丝，此菜肴外形精致，口味鲜美。

寿山横紫阁，仙人捧寿拜。"寿"字菜，仙人捧寿将猴头蘑、豆腐、虾打制成泥调味造型后蒸制，此菜品软糯咸鲜非常适合老年人食用。

无限春风拂，御赐宝盒开。"无"字菜，御赐宝盒以塌制的手法处理鲍鱼置于宝盒中，宝盒的雕刻全完按照榫卯结构，每个部件可以自由活动，整个菜式呈现出鲜香的口味。

疆内人皆祝，累累结荔果。"疆"字菜，香莲荔枝球为造型炒制菜，菜色鲜亮，呈现出金红色的挂汁，口味酸甜，外皮酥脆。此菜品真是老少皆宜，回味无穷。

"万寿无疆"四道盘菜，也是整个宴席的点睛之笔，蕴含着对大家健康长寿的美好祝愿。

热锅为清代宴席的特色菜品，乾隆皇帝在秋冬季节每日必有热锅。这是八吉祥热锅，热锅以奶汤为底配以八荤八素，借以八吉祥的寓意，祝各位贵宾吉星高照，喜气长存。

长寿面寓意福寿绵长。这碗寿面是用高汤所煮制，您看长寿面在皇家寿宴中也是必不可少的。

寿文化是中华文明重要的组成部分，也是香山静宜园特有的文化内涵，欢迎您与父母、长辈、朋友一同来品尝松林餐厅的"三班九老"宴，感受传统文化中"尊祖先道，奉祖先志"的美德。

# 毛泽东在双清

欢迎大家来到香山公园，了解毛主席在双清别墅的工作和生活情况。

1949年初，党的七届二中全会结束后，毛主席率领中共中央和中国人民解放军总部，告别了中国革命最后一块农村根据地——西柏坡村，迁往北平。在即将出发的时候，毛主席意味深长地说："我们这是在进京赶考啊……"

简简单单的"赶考"两个字，背后担负着却是一份沉甸甸的责任。因为他在向世人宣告：中国共产党不但可以打破一个旧中国，更能建设好一个新中国。正如毛主席在七届二中全会上提出的"两个务必"那样：中国共产党，决不做李自成！

中共中央一行于1949年3月23日从西柏坡村出发，经唐县、保定、涿县，于25日抵达北平。当晚，毛主席便入住了双清别墅。

如果说七届二中全会确定了党的工作重心的转移，那么这项伟大而又繁重的工作则是在双清别墅展开的。双清别墅是我党由农村进入城市的第一站，是党进京赶考的第一考场，是一个伟大的历史转折。

中共中央进入了北平，完成了一个历史转折。但是这个转折仅仅是一个开始，对于中国共产党来说，当前最重要的，就是要尽早解放全国，实现真正的和平。正是出于此目的，中共中央在进入北平的第二天，便电告国民党南京政府，提出了愿以八项条件为基础进行和平谈判。4月1日，南京国民党政府和谈代表团抵达北平，双方经过多轮谈判后达成了《国内和平协定最后修正案》。4月20日，南京李宗仁政府拒绝在协议上签字，国共和谈宣告破裂。当晚，我军便发动了渡江战役。

我人民解放军第二、第三野战军百万大军在毛主席和中央军委的统一部署和指挥下，发扬不怕牺牲、勇往直前的精神，强渡天险，直取对岸，国民党反动派苦心经营的长江防线瞬时土崩瓦解。

4月21日，毛主席和朱德总司令在双清别墅发布了《向全国进军的命令》，命令我人民解放军奋勇前进，消灭一切敢于抵抗的国民党反动派，解放全中国。

渡江战役胜利后，我军乘胜追击，于4月23日占领南京，宣告了国民党政府长达22年反动统治的灭亡。

消息传到双清，毛主席心潮澎湃，彻夜未眠，欣然命笔写下了《七律·人民解放军占领南京》，就是那首"钟山风雨起苍黄，百万雄师过大江"的不朽名篇。

由于中国革命迅速取得了全国性的胜利，成立民主联合政府，召开新政协的时机已经成熟。

1949年6月，受党中央的委托邓颖超携带毛主席在双清别墅写给宋庆龄的亲笔信，远赴上海，邀请宋庆龄北上，参加政协会议。不过，对于宋庆龄来说，北平是一个令她伤心的地方。1925年，孙中山先生病逝于北平，宋庆龄曾发誓：不再踏上北平半步。毛主席在信中写道：全国革命胜利在即，建设大计亟待商筹……

这不是一封普通的信啊，这是一个拥有着将近五亿人口泱泱大国的最高领袖，向他心中最崇敬的人发出的最诚挚的邀请。请宋庆龄参加政协会议，不仅是出于对她的尊重，更是为了整个民族、为了国家、为了中山先生未竟的事业！情之深，意之切，字里行间都体现出对宋庆龄的信任和期待。宋庆龄被共产党人的深情厚谊所感动，欣然决定北上。8月28日，宋庆龄的专列抵达北平，毛主席等领导同志亲自到前门火车站迎接。

在这段时间里，毛主席在双清别墅还广泛会见了张澜、李济深等各个民主党派人士，与他们共商建国大计，为政协会议的召开奠定了坚实的基础。

政协会议结束后，毛主席告别了双清别墅。伟人们虽然离开了香山，但在香山也留下了他们的身影和足迹。在这张照片里，我们没有看到那位叱咤风云、运筹帷幄的伟人，看到的只是一位慈祥的父亲和他引以为傲的儿子。这是毛主席在双清的六角亭旁和爱子毛岸英促膝交谈。虽然谈话的内容我们不得而知，但从主席那亲切的笑容里，我们看到了浓浓的父子亲情。

各位来宾，毛主席和他的战友们在双清只是居住了很短的一个时期，但是正是这个时期，他们送走了一个旧中国，迎来了一个新中国。伟人们虽然已离我们远去，但他们创造的丰功伟绩将永远激励我们前进。在这些历史的遗迹前，也请各位驻足片刻，用心去聆听那些历史的脚步声。

# 大雄宝殿

　　碧云寺坐落在香山北麓，占地4万余平方米，依山势而建，共有六进院落。明代诗人曾用"西山一经三百寺，唯有碧云称纤侬"的诗词来赞美它的美丽景色和纤秀形象。大雄宝殿作为碧云寺的主体建筑，将高雅与庄重的和谐感体现得淋漓尽致。

　　大雄宝殿门楣上方悬挂的匾额是乾隆皇帝题写的"能仁寂照"，意思是佛光普照。殿内中间供奉的是佛祖释迦牟尼。据说，在历史上确有其人。他的生活年代与孔子相同，是古印度一个小国的太子。相传在他当太子的时候看到了人间生老病死的种种苦恼，29岁出家修行，35岁的时候在一棵菩提树下悟出了人生真谛，得到解脱，创建了佛教。从此，人们就把释迦牟尼称为佛祖。

　　您看，佛祖端坐在莲花须弥座上，左手放在盘起的膝盖上，右手抬至胸前屈指呈环形。大家知道佛祖的手势代表什么意思吗？佛家有很多手势，它们的意义各不相同，这些手势统称为"印"。而我们现在看到的这个手势在佛教中称为"说法印"，是授课的意思。站在释迦牟尼两侧的是他的两大弟子，年长的是迦叶尊者，年轻的是阿难尊者。由于他们为佛教的传播起到很重要的作用，所以就让他们常伴释迦牟尼的左右。前方的两尊是释迦牟尼的左右胁侍——文殊菩萨和普贤菩萨，文殊掌管智慧，普贤掌管理德。在大殿两侧的是十八罗汉，他们原为十六罗汉，是释迦牟尼的十六弟子，当佛教传入我国后又增加了两尊，被乾隆皇帝命名为降龙罗汉和伏虎罗汉。在大殿四周是悬山云海，它象征着西方佛国彩云缥缈的一种景象。这样立体浮雕形式的悬山云海在我国佛教寺院中难得一见。

接下来请大家随我一起参观位于释迦牟尼背后的海岛观音。在众多观音中，信仰最普遍，最受人尊重的要属观世音菩萨。请看这尊观音，像高3米，头戴宝冠，神情恬静。观音左手持净瓶，右手拿柳枝，象征以大悲甘露遍洒人间，普救众生。观音脚下踏的是鳌鱼，据说人间地下有鳌鱼，鳌鱼一动，人间就会天翻地覆，所以观音用脚踏鳌鱼将其镇压使人间得到了太平。在观音两侧的是他的左右胁侍——善财童子和龙女。据佛经上说，当善财出生时，各种珍宝从屋内全部涌出，所以起名善财。但他却视珠宝如粪土，看破红尘决定出家修行。在文殊菩萨的指点下，善财拜访了53位高深佛学名师，历尽千辛万苦，终于感动了普贤菩萨，实现了成佛的愿望。当善财拜访第27位名师观音时，观音为了试探他是否有诚意，化作了船夫，掀起大风浪，劝他回去，但善财却丝毫不惧，终于成为了观音的左胁侍，为辅助观音普度众生现童子身。善财的成佛过程说明了，有志者事竟成。龙女是佛教护法天神婆竭罗龙的女儿。龙女天生很聪明，在她8岁的时候，偶然听到文殊菩萨在宫中说法突然觉悟，于是去灵鹫山拜见了释迦牟尼，将一颗价值三千世界的宝珠献给释迦牟尼后以龙身成就佛道。龙女的成佛过程与善财截然不同，善财走的是成佛的艰途，龙女走的却是成佛的捷径。这个故事告诉我们怀揣一颗真诚的心和不懈努力就能达到成功的彼岸。

# 勤政殿

　　在北京西郊，有这样一座园林，占地面积160公顷，具有浓郁的自然山林特色，拥有丰富的历史文化底蕴，充满了神秘的皇家色彩，它就是香山公园。清乾隆十年（1745年），乾隆皇帝在此大兴土木，筑墙为园，形成名噪一时的静宜园二十八景，勤政殿正是这二十八景中的第一景。

　　勤政殿始建于乾隆十年，是乾隆皇帝到香山游览时临时处理朝政的场所，南北两侧配殿是则王公大臣候旨休息的地方。咸丰十年，遭英法联军焚毁，当时仅剩殿基、殿前月牙河，以及殿两侧的假山。为再现香山盛世美景，香山公园于2003年，在原址上，按照原貌，对整组建筑进行复建，复建后的勤政殿展现了香山皇家园林的恢弘气势。

　　乾隆皇帝在香山修建勤政殿，其实是效仿康熙皇帝、雍正皇帝分别在中南海、圆明园修建勤政殿一样，既有憩息之乐，省往来之劳，又体恤下人辛苦，是园居理政之所。静宜园的勤政殿正殿面阔五间，门楣上方悬挂满汉金字匾，殿内外檐彩画均采用金龙和玺，这种彩画样式在清代建筑中是等级最高的一种。

　　请您随我到殿内参观。请看匾额"与和气游"，出自《汉书·王褒传》"恩从祥风翱，德与和气游"，意思是说皇帝将恩德普及到百姓之中。横额下方两侧金柱上是乾隆皇帝御制楹联，上联是"林月映宵衣，寮案一堂师帝典"，下联是"松风传昼漏，农桑四野绘豳图"。这副对联表现的场景是：拂晓的月光透过枝叶映衬在衣饰上，君臣百官齐聚一堂，学习先帝留下来的治国典章。清晨的微风吹动松林传咏着时间的推移，放眼望去，外面四野农耕桑植，构成一幅安居乐业的太平景象。意思是只有皇帝的勤政，才能够使百姓安居乐业。这也体现了乾隆皇帝自我所标榜的"居庙堂之高则忧其民"的勤政爱民形象。

大殿正中高出地面的是红漆地平，地平之上主要陈列的是皇帝的宝座和屏风。皇帝宝座叫作"五屏金漆龙椅"，是木制贴金的，它的扶手和靠背上共雕刻有9条金龙，象征着皇权的威仪和至高无上。宝座后的屏风上是乾隆皇帝御制《勤政殿诗》："悦心期有养，好乐励无荒。漫拟灵称囿，偏宜山号香。问农频驻跸，咨采喜同堂。家法传勤政，孜孜敢暂忘。"这首诗表达了"君勤则国治，殆则国危"的道理。请您看殿内形状不同、大小不一的景泰蓝制品，其实都是香炉。其中最有特点的是宝座两侧的香炉，形似麒麟，但麒麟有两只角，而它只有一只角。它的名字更加有趣，叫作"角端"，是我国古代传说中的神兽。传说它能够日行一万、夜行八千，知四方事，通晓四方语言，在这里寓意君言圣明，群贤毕至。

大殿后方是16组带有蓝布夹帘的藏书格，据记载里面只放过一部图书——《古今图书集成》。这部书是由清代康熙年间著名学者陈梦雷所编写的，是当时最大的一部百科全书，字数比大英百科全书还要多3~4倍。藏书格两侧的"雕龙顶箱立柜"，也是存放古籍经典的，据记载当时殿内藏书17 000多册。可以说，勤政殿既有皇权的威严，又充满了浓浓的书香之气。殿堂北面墙壁上悬挂的是由乾隆皇帝口述，大臣梁诗政执笔的《静宜园记》，记载了何时建立静宜园及建园过程。南面墙壁上对应悬挂的是由清代宫廷画师卿贵、沈焕、宋桂合笔绘制的《香山图》，展现了香山静宜园鼎盛时期的风貌。

# 宗镜大昭之庙

宗镜大昭庙简称昭庙，始建于清乾隆四十五年（1780年），它是清代乾隆年间香山静宜园兴建的最后一组建筑。昭庙依山势而建，坐西朝东，是一处具有汉藏混合特点的坛城式建筑。中轴线明显，前起方河，琉璃牌楼，中间白台、红台，最后边是琉璃万寿塔。1860年其中的木结构殿堂遭到英法联军焚毁，2012年一期修缮复建工程完工。

昭庙仿照西藏拉萨大昭寺而建。宗镜的意思是"以一心为宗，照万法如镜"，说明了佛法的真谛和广阔无边。"昭庙"在藏语发音"觉卧拉康"，意思是"尊者"之庙。"尊者"在此特指佛祖释迦牟尼。

香山静宜园为什么会有一处藏式庙宇呢？简单来说，昭庙是乾隆皇帝为迎接西藏六世班禅所建的一处行宫。1778年，清王朝政治稳定，民族关系融洽，西藏六世班禅额尔德尼上奏乾隆皇帝于1780年入京觐见，并为乾隆皇帝庆祝七十大寿。乾隆皇帝得知后大喜，命人在香山修建一所行宫给班禅大师居住，这所行宫就是昭庙了。1779年六世班禅从西藏扎什伦布寺出发，携带僧侣百余人，历时一年零一个月，抵达北京。1780年9月19日六世班禅为昭庙开光，20日在此休息、讲经、说法。

昭庙的建筑规格处处体现着作为皇家寺院的恢弘气势，其中有四点最为突出。

第一，请看这座琉璃牌楼，它的全名叫"三门三间七楼五彩琉璃牌楼"。牌楼上有乾隆皇帝御笔亲题，向东为"法源演庆"，向西为"慧照腾辉"，字里行间昭示着佛法博大精深。在北京，牌楼很常见，比如木牌楼、石牌楼、水泥牌楼等，而琉璃牌楼大都用在寺庙建筑中。昭庙这座琉璃牌楼与众不同，顶部采用黄色琉璃瓦，这只有在与皇家有关的建筑中才允许使用。

第二，琉璃牌楼西侧的汉白玉须弥座，它们都是乾隆时期保留下来的文物，形状敦实稳重，颜色温润柔和，图案丰富细腻。与石座相连的是玛尼杆，用作祈福，在藏民家里和寺院非常常见，上边还会悬挂以白、黄、红、绿、蓝五种颜色组成的风马旗。一般藏民家中的玛尼杆高3~5米，寺庙中的玛尼杆高8~10米，而昭庙的玛尼杆则高达16米，这在皇家寺庙中都是非常少见的！

第三，昭庙的主体建筑由白台和红台组成。白色象征神圣庄严，红色象征高贵吉祥。白台上建有清净法智殿，殿外两侧悬挂乾隆御笔亲题匾额，向东为"众妙之门"，向西为"清净法智"。整个大殿顶部采用鱼鳞状铜瓦贴金，这是昭庙独有的，重新贴金后，铜瓦在阳光下金光闪闪，异常壮丽。咦？建筑说的很多了，班禅大师住在哪里呢？原来，白台上不只建有清净法智殿，还建有禅房，班禅大师就住在这白台上的禅房里，红台则是班禅大师讲经说法的地方。红台上东南西北四个方向各有一个佛殿，与清净法智殿相呼应，象征着五方佛，又称五智如来。

最后，请看墙面上梯形的窗子，这种窗子叫盲窗，有真有假，真的用来采光，假的用来装饰，而在西藏地区这一真一假、一虚一实的盲窗真正作用是防御敌人。昭庙混合汉藏两种建筑风格，盲窗上方的浮嵌琉璃制垂花门头，就是汉族建筑风格的体现。

昭庙这座建筑是国家统一、民族融合的象征。欢迎大家到香山再来一探究竟。

北京植物园位于西山卧佛寺附近，1956年经国务院批准建立，面积400公顷，是以收集、展示和保存植物资源为主，集科学研究、科学普及、游览休憩、植物种质资源保护和新优植物开发功能为一体的综合植物园。北京植物园由植物展览区、科研区、名胜古迹区和自然保护区组成，园内收集展示各类植物10 000余种（含品种）150余万株。

# 北京植物园

北京植物园于2000年1月被评为首批国家AAAA级旅游景区，于2002年3月通过ISO 9000质量管理体系和ISO 14000环境管理体系双认证，是北京首批精品公园之一，首批国家重点公园之一。

# 探秘非洲神奇的
# 猴面包树

    对于面包大家一定都不陌生，但长在树上的面包谁见过呢？今天我就带大家一起探秘这种神奇的植物——猴面包树。

    在非洲干旱的热带草原上，生长着一种形状奇怪的大树——它的土名叫作波巴布树，由于它的果实形似面包，很受猴子和阿拉伯狗面狒狒的喜爱，所以人们叫它"猴面包树"。猴面包树是木棉科植物，一般树干高20米左右，但胸径却可达12米以上。据《吉尼斯世界记录大全》记载，在世界最粗的树木排名榜上，一株胸径达17.5米的猴面包树位居首位，它是世界上最粗的树，不仅如此它还是植物王国当中的"老寿星"，一般能活4000~6000年。

    猴面包树为什么长得这么奇怪呢？它这样的长相对于自己又有什么好处呢？有这样一个古老的传说：当猴面包树在非洲"安家落户"时，曾不听"上帝"的安排，自己非要选择在热带草原生存，因此激怒了上帝，便把它连根拔了起来，从此猴面包树就倒立在地上，变成了一颗"倒栽树"。其实，它的倒栽葱形状是有利于它在缺水的旱季生存。热带草原，气候终年炎热，有明显的干、湿季节。每当旱季来临，为了减少水分的蒸发，它就会迅速地落光身上的叶子，以保存生命。雨季来临后，猴面包树便依靠自身松软的木质，拼命地吸水贮存在树干内。此时，身躯已完全代替根系的吸水作用。在热带草原旅行的人们干渴难耐时，只要找到它，就可以从树中吸水得以解救。

进入雨季的猴面包树吃饱喝足后，便又长出了掌状复叶，开出白色的花。它的花可不是年年都会开的，一般树龄在20年以上才第一次开花，花很大，日落时分开放，第二天中午就凋谢了。花谢后便会结出长椭圆形的果实，刚刚长出的果实就像是有很多的面包挂在树上一样。果肉多汁，既可生吃，又可制作清凉饮料和调味品。在塞内加尔的集市上，可以买到晒干后的猴面包树果实果肉，一盒满满的果肉只需人民币5元就能把它带回家。在果肉里包裹有很多种子，种子含油量高达15%，榨出的油为淡黄色，略带芝麻香气，可以做上等食用油，还可以制作护肤品，很容易被皮肤快速吸收，而且不留下任何油腻感。另外，它的叶片中含有丰富的纤维素和钙质，是当地居民喜爱吃的蔬菜。果实、叶片和树皮可入药，当地居民常用来医治疟疾。科学家们从猴面包树中分解出一种能抑制胃癌细胞形成和扩散的物质，并由此揭开了常吃猴面包树果实的非洲人几乎不患胃癌的奥秘。虽然猴面包树的木质又轻又软，完全没有木材利用价值，但有趣的是，当地居民常把树干的中间掏空，搬进去居住，形成一种非常别致的大自然"村舍"；也有的居民将掏空的树干作为贮水池或者粮仓，有的甚至把它当作车库。

在苏丹南方常年干旱无雨的地方就生长着300多万棵猴面包树，每棵树都是一座"活水库"，能蓄水多达四五千立方米，相当于近万瓶矿泉水。每天的清晨和傍晚，人们总会在一棵棵大树前排起长龙，带着瓦罐、木盆、塑料桶来取水。人们世世代代就靠这些水为生。他们认为，在生死攸关的危难时刻，是猴面包树用自己的枝液拯救了人类。所以人们把猴面包树称为"生命树"。

猴面包树在西非塞内加尔随处可见，它以其诸多独特之处被塞内加尔人民奉为国树，显示了非洲古老民族独树一帜的审美意识。尽管猴面包树形态怪异，但塞内加尔人民对他却情有独钟，认为它那顽强的生命力是因为它有超自然的力量，把它视为力量的源泉、国家的象征，祝福自己的国家如它一样长寿延年。在塞内加尔的国徽图案中，左边是狮子，右边就是猴面包树，国家的印章中也有它的形象，就连军人的肩章上也绣着猴面包树，可见它在塞内加尔的地位真的非同凡响。

　　如果您也想一睹这猴面包树的风采，就来北京植物园热带植物展览温室看看吧！

# 卧佛寺中的"哆啦A梦"

在我们儿时的记忆里有着这样一个卡通形象，它叫作哆啦A梦，我们也叫它机器猫。在它的胸前有一个神奇的口袋，每当它的好朋友大雄遇到困难的时候，它都能从口袋里变出各式各样的宝贝来帮助大雄。而在我们卧佛寺中，也有着一个"哆啦A梦"！他是谁呢？

不知道您有没有发现，在卧佛寺内的众多佛、菩萨中，弥勒佛的形象是最有特点的一个。他有个圆滚滚的大肚子，手中还掐着一串念珠。不仅如此，其他的佛、菩萨都是很端庄、严肃的表情，唯有他坐在那里笑得合不拢嘴。他也就是我要说的——卧佛寺中的"哆啦A梦"。

那么，在这个胖和尚背后又有着怎样的一段故事呢？在我国的五代梁朝时期，浙江宁波奉化县的农民张重天收养了一个男婴，取名叫作契此。小契此长大以后在岳林禅寺出了家，成为了契此和尚。这时候的契此体形肥胖、言语幽默无常、举止癫狂。他常常背着一个大布口袋出现在闹市区，所以人们都管他叫"布袋和尚"。渐渐地，布袋和尚成为了人们心目中弥勒佛的化身。从此，源自印度的庄严神圣的弥勒佛，就演化成了亲切可爱、乐观豁达的中国布袋和尚的形象。

说到这里您可能要问了，为什么说大肚弥勒佛是卧佛寺中的"哆啦A梦"呢？这是因为，他同样有一个神奇的口袋。您可别小看这个布口袋，它的神奇之处有三点：首先它宽广无边。布袋和尚整天背着大布袋云游四方，他逢人便乞、见物就讨，讨来的东西总是随手就放进口袋里。说来也奇怪，那布口袋似乎有了魔法，它看起来并不大，但是无论多少东西装进去，也永远都没有装满的时候。甚至，连他募捐来的一批扩建寺院的大木头，都能装入袋中。其次，这个布口袋有着起死回生的特殊功效。有人把死了的鱼儿投入到布袋中，布袋和尚不但不生气，而且还笑嘻嘻地收下，然后背到河边，倒入水中，鱼儿竟然摇头摆尾地游走了。第三，这只布口袋还永远也用不坏、毁不掉。曾经有一个人，他总是喜欢捉弄别人而自己取乐。一天，他夺过布袋就一把火烧掉了。可奇怪的是，第二天布袋和尚依然背着那只布口袋。那个人便以为这只布袋一定是重新做的，便又夺过来烧了。如此一而再、再而三，布袋和尚都没有生气，可是当那个人第四次去夺布袋的时候，却使尽了全身的力气也提不动那只空布袋了。这时，他才知道布袋和尚不是凡人，于是立马拜倒在布袋和尚的脚下，恳求饶恕。在布袋和尚的点化之下，他终于弃恶从善，再也不敢为非作歹了。

这个布口袋不仅神奇，而且还给人们留下了许多启示。有人向布袋和尚请教佛法，布袋和尚便把口袋放在了地上。这个人不懂他的意思，继续追问，布袋和尚立刻提起口袋抬腿就走。可是这个人还是不理解，布袋和尚便哈哈大笑了起来。这口袋的一提与一放是想要告诉人们：要学会拿得起、放得下，学会宽容、大度地看待一切事物，那样才能笑口常开。

千百年来，大肚弥勒佛的乐观、包容精神受到广大人民的喜爱。而这种精神也时刻鼓舞着人们包容厚德、积极进取。最后，愿大家像布袋和尚一样：大肚能容，包罗万物；开口便笑，和气一团！

# 雨林中的巨人——望天树

说到"高",您会想到什么呢?姚明、珠穆朗玛峰。对!没错!它们是"高"的代表。今天我要为大家介绍的就是中国植物界中"高"的代表——望天树。

望天树是我国的一级保护植物。树高一般有60多米,60米是一个什么概念呢?我们普通的住宅楼平均层高是2.4米,60米相当于25层楼的高度。成年的望天树,胸径可以长到1米左右,最粗的可达3米,需要六七个人手拉手才能把它围起来。望天树是龙脑香科植物,在东南亚龙脑香科植物是热带雨林的标志性植物。

每一种珍稀植物的发现,背后都有一个耐人寻味的故事,望天树也是如此。50年前,由于我国西南地区交通十分落后,外国植物学家根本没有到过云南西双版纳原始森林,仅从地理位置上,就片面地认为:中国没有热带雨林。直到1974年,我国植物学家蔡希陶教授为打破中国没有热带雨林的论断,亲临勐腊实地科考,在补蚌、勐仑等地发现了热带雨林的代表树种——望天树。当考察队员们在林海中一下子看到这连仰头都望不到顶的大树时,简直惊呆了。这就是我国以前从未见过的,在世界植物学文献中也从未记载过的"新巨人"哪!也正是因为望天树的发现,才向全世界宣告了中国拥有真正意义上的热带雨林。

1986年,国际爱护动物基金会主席菲利普亲王随英国女王考察云南时,特意实地考察证实"北纬21°附近果真有热带雨林的分布",事实上也就承认了中国具有热带雨林气候带。北回归线沙漠带上唯一的一块绿洲逐渐被世人认知,而这一地带为中国云南西双版纳的勐腊县所独有。因为有这么一段过往,位于勐腊补蚌的望天树景区,从此声名鹊起,吸引着众多热爱丛林的旅游者前来参观。

热带雨林常年高温多雨,当地表层土很浅,望天树无法形成像我国北方杨树一样很深的根系,这么高的望天树,怎样才能在雨林中做到屹立不倒呢?原来,这些聪明的望天树,会把自己的根系向四周延伸,长出像火箭尾翼一样的板状根,形成三角支架,用来解决它头重脚轻的难题,有了如此坚固的根基,我们就再也不用担心它会随时倾倒了。这种特殊形状的根,在热带雨林中也形成了一个独特景观现象——板根现象,体现了自然界中"适者生存"的自然法则。

望天树如此珍贵,对于这个树种我们又是如何对它进行保护的呢?1980年联合国教科文组织拨款,在望天树的半腰处做成了一个独具特色的空中走廊,人从走廊上往下看有种头晕的感觉,有恐高症的人可不敢走在上面。当时主要用来进行科学考察,既观察望天树的长势,也观察其他植物和昆虫。2011年9月29日,中国首个太空空间实验室"天宫一号"升空时,望天树的种子作为濒危植物之一参加了太空遨游,利用太空的特殊环境,令种子产生变异,可以使它们在更加恶劣的环境下存活和繁衍。

曾经有一部电影名为《绿海天涯》,讲述的就是植物学家蔡希陶教授发现望天树这个热带雨林典型树种的故事。如果您也想体验一下电影中仰望天空看大树的感觉,就请您来我们北京植物园热带展览温室一睹望天树的风采吧!

# 奇石背后的故事

不知道各位有没有去过植物园内的樱桃沟，在哪里有几块神奇的石头，今天我要讲述的正是这些石头背后的故事。

西山地区有许多关于曹雪芹和《红楼梦》的传说，还有不少与《红楼梦》相关的景物。在樱桃沟水源头南侧有一巨石，岩石上大底小，外形酷似元宝。香山地区百姓俗称"元宝石"。

据说，远古时期女娲娘娘为了补天，先在各处找五彩石，然后把它们聚在一起，点起火来烧，烧化了，趁热托到天上的缺口处，边烧边补。最后，天也补好了，女娲娘娘也累得不行了。可巧，女娲娘娘弄来的五彩石，还剩下一块，也没地儿搁。女娲娘娘觉得水源头这块地儿山清水秀，甚是不错，就把这块石头搁在了这里。

相传这块石头就是《红楼梦》中那块无才补天，被遗弃在青埂峰下的五色石。曹雪芹得此石形状启发，创造出一段故事。《红楼梦》开篇第一回写道：

　　一僧一道席地坐在青埂峰下，见这块鲜莹明洁的石头，且又缩成扇坠一般，甚属可爱。那僧托于掌上，笑道："形体倒也是个宝物了！只是没有实在的好处。"

这样的一块元宝如果是金质，或是银质，岂不成了无价之宝？可惜它只是石头，不能花也不能用，没有人去注意它。可是曹雪芹却经常到这里来欣赏它，通过曹公的丰富想象，借用了元宝石的特征，才对《红楼梦》书中这位"潦倒不通庶务，愚顽怕读文章""天下无能第一，古今不肖无双"的男主人公的典型性格进行了烘托比兴的传奇创作，并给他命名为贾宝玉。

元宝石也称为神瑛，是巨石的意思。曹公把元宝石人格化，把它面前淙声不竭的泉水，比为自然之精的甘露。所以这块当年女娲娘娘未用的假宝玉，又名神瑛侍者。

由此我们可知，曹雪芹笔下的艺术典型贾宝玉为何是有两重人格的，他既是青埂峰下那块"顽石"，又是生长在昌盛之邦的公子。宝玉坠落投胎之时，他就口含一块"通灵宝玉"，这也正是为何《红楼梦》曾被称为《石头记》的原因。

不仅宝玉的命名与石头有关，黛玉的别号也与石头有很深的渊源。

《红楼梦》第三回写道：宝玉问黛玉尊名时，黛玉说了名，而问表字时，黛玉说无字。宝玉便送黛玉"颦颦"二字，并道：《古今人物通考》上说，西方有石名黛，可代画眉之墨。

虽然《古今人物通考》是宝玉杜撰的，但在樱桃沟内的溪水中原有黛石，质地松软，通体乌黑，或呈柱状或呈片状，旗人妇女喜欢描眉打鬓，年轻女子用此描眉，老太太便用此染发。这种黑石不染衣服，不脏手。此石虽黑，但本质洁净，它虽不如荷花美丽，但同样也是出淤泥而不染的净物。

黛玉者，黑石也。曹雪芹出此苦心借用黑石特性，才对《红楼梦》书中那位女主人公的典型性格进行了寄寓赋颂的描绘渲染，并以黛玉的名字反映了她在贾府中本质是纯洁的，情操是高尚的。

距离元宝石不远处还有一块居高临下的巨大危石，高约两三丈，巨石浑体一根草都不长，但在其绝顶上竟然生长着一棵苍劲的古柏，这棵古柏凌空挺立，傲骨藏风，姿态奇绝。当地人因松、柏不分，故称之为"石上松"。

"石上松"高达10米多，干周长达1.8米，树体虽不巨大，但树龄已有600多年的历史，可谓一棵不老柏，它已成为北京名柏之一。古柏根须外裸，为什么还能活呢？

仔细观察发现古柏的主根扎进巨石里边，并把巨石撑开一条大裂纹，根须一直穿透石底，裂石地下凹陷一穴，穴有脸盆大小，并积有一汪泉水，据说这汪泉水一年四季都不会结冰、不会干枯。

曹雪芹说宝玉和黛玉的关系是木石前盟，就是有感于此处木石奇缘而发。相传樱桃沟内的元宝石、黛石和石上松就是《红楼梦》中宝黛姻缘的原型。

如果您想充分地感受他们之间深厚感情的交错，想更加深入地读懂《红楼梦》，就请您亲自来植物园樱桃沟内游览、体味一番吧！

北京动物园始建于1906年，在西直门外乐善园、继园和广善寺、惠安寺"两园、两寺"旧址上的清"农事试验场"内，由商部奉旨筹建。园内由动物园、植物园、农事试验场三部分组成。最早的动物园位于园内东侧，占地1.5公顷，是中国对公众开放最早的动物园和华北地区对公众开放最早的公园。

北京动物园于1955年正式定名，目前占地面积约90公顷，展出珍稀野生动物约500种，5000余只，年接待国内外游客500万人次，发挥着国家动物园功能。近年来，北京动物园秉承"教育保护并举，安全服务并重"的工作理念，围绕北京建设世界城市目标，努力打造成为面向国内游客展示首都风采，面向国外游客展示中国形象的北京名片。

# 北京动物园

# 动物园里的小强
## ——美洲鬣蜥

　　今天我们参观的是北京动物园科普馆。非常高兴有机会和大家在这里分享有关小动物的有趣的事情。今天为大家介绍的主角是动物园里的"小强"。

　　谁是小强呢？在这儿我想先为大家出个小小的谜题，希望通过我的描述大家能猜一猜我们今天要介绍的是什么动物。

　　它们是最为原始的一类种群，分布极为广泛，曾经在2.5亿年到6500万年前统治着地球。经过一场巨大的变化其中一些动物消失了，存留下来的就演变成了现在的各种各样的形态。它们还有个有趣的特点，要知道人类和其他哺乳动物是以食物获取能量的，但它们除了食物之外，更重要的，是通过阳光的温暖来得到动力。它们和我们人类一样用鼻子和肺部呼吸，但不同的是我们的皮肤非常光滑，它们却有着鳞状的皮肤来保护自己。

　　它们还有个非常伟大的发明，不是指南针、不是iPhone，而是防水卵壳，这是它们在进化的道路上特别重要的一步。使它们真正适应了在陆地上的生活。

　　综合以上四个特点，您猜到是什么动物了吗？没错，今天给大家介绍的是一种爬行动物——它的名字叫美洲鬣蜥。

　　美洲鬣蜥，顾名思义它是生活在美洲的热带雨林中的一种小动物。那里常年的温度大概在30~35℃，湿度在80%左右。其实它还有另外一个名字叫作绿鬣蜥。这个名字特别符合它的外形特点。绿鬣蜥通体是绿色的，其间有橘色、土黄色、黑色的分布。不同的亚种、不同的地域，颜色略有不同。在它们的后背上从头到尾都长着一排高高尖尖的刺，我们管它叫作鬣。它看起来非常尖锐，但其实用手抚摸起来是很柔软的。除此之外，它还拥有尖尖的利爪，这是为了能爬上高高的大树。为什么要爬到树上呢？刚才已经说过，爬行动物最重要的是获得温暖的阳光为动力，绿鬣蜥也是如此。

　　我们人类早上第一件事是：刷牙、洗脸。而美洲鬣蜥早晨的第一件事却是当阳光透进树林的时候，找一片柔然的枝叶舒展自己的身体，来获取太阳的温度。当它们经过了一夜寒冷的、变得僵硬的身体，被照得又暖和又柔软的时候，就开始了一天中最为重要的另外一件事情：寻找食物。很多朋友看见它的外表，觉得它们是食肉动物。但事实上，它们是以嫩芽、树叶、果实和花作为食物。但当它们非常小的时候，也可能会吃一些昆虫来适当补充自己的蛋白质，好让自己快点长大。说到长大，我们不得不提到一件事情。要知道它们在野外生存下来，是非常艰难的事情，不但要面对各种各样的气候，还要时刻警惕天敌的威胁。

　　不过我们也不要太担心，美洲鬣蜥有一套非常棒的自我保护方案：

　　方案一，就是隐蔽和躲藏。因为它们身体的颜色和树叶颜色非常接近，所以这也是它们常用来保护自己的方式。但往往有的时候，这样的隐藏也逃不过敌手的眼睛。没关系，它们会迅速选择第二套方案遁水而逃。在野外，美洲鬣蜥通常会选择在水边的树上休息和觅食，一旦发现危险，就会迅速地跳入水中。这时候，它的尾巴就显现出了非凡的能力，除了平衡身体外，还成为了向前的动力。但当它们躲不能躲，逃无可逃必须正面狙击敌人的时候，它们也会使出最后的绝招，就是它们的大尾巴。我们知道很多爬行动物，它们会把营养储存在尾巴里，使得它们的尾巴又粗又壮。美洲鬣蜥就是用这条粗壮而有力的尾巴抽打敌人。真的被它的尾巴抽到，是非常惨痛的经历。

今天给大家讲了这么多关于美洲鬣蜥的事情。那么到底谁才是小强呢？其实小强就是一只美洲鬣蜥，是北京动物园中的明星动物，我们带着它参加了很多有趣的活动。

大朋友，小朋友，希望能够通过对它的近距离观察，重新认识、了解爬行动物。让我们不再害怕它们，而是喜欢、尊重它们。同时也希望大家能感受到，在这个地球上除了我们人类之外，还有那么多五彩斑斓的生命值得我们珍爱。

# 猴山依旧

现在参观的是北京动物园猴山。说到猴山，可谓是无人不知无人不晓。作为北京动物园的地标性建筑，生活在猴山里的猴子们，更是大家眼中的大明星了。可您知道这猴山有多少岁了吗？告诉您吧，它始建于1942年，您算算到今年是多大？对了，它已经有70多年的历史了。原来的猴山可不是现在这个样子，中间是山石堆砌成的假山造型，外边是椭圆形的围墙，墙高3.1米，从围墙到假山的距离是5.9米，游客得居高临下，相当于上到墙头看猴子，可就这样一座猴山当年给咱们多少小朋友们留下了美好的童年记忆。

直到2005年，为了北京奥运会的召开，我们头顶上的展西路开工了，这一干就是4年。施工期间，那座在人们心目中充满着无限回忆的猴山只能关闭了，生活在里面的猴子也被转移到了其他地方生活。一时间，原本热闹非凡的猴山变得安静了，猴子走了，留下的是人们对猴山的美好回忆。

2009年9月，关闭了4年之久的猴山终于重新开放了。人们又不约而同地聚集到了这里，寻找那以往的记忆。这次重建，保留了原有的假山石，观看视角从俯视改成了平视。

咱们现在看到的这种猴子，学名叫猕猴，是一种群居型动物。它与人类相似，也有自己的社会秩序，有位高位低之分。其中统领着整个猴群的猴子，大家知道叫什么吗？对了，就是猴王。猴王可有它自己的特权，在平时，他可以决定谁先吃饭谁后吃饭，猴群的大事小情都由它一猴做主。

在生活中，猴王更是会自己选出一个或几个"美眉"来作老婆，当然了，他也会允许其他身体健壮的公猴享有娶妻生子的权利。

可有些猴王是相当霸道的，它会把地上的食物集拢成一堆，自己把屁股坐在上面，不许其他猴子吃。而其他猴子呢？也都各有高招，把吃不完的食物藏在颊囊中。颊囊是什么呢？就是猴子脖子下面的口袋，这口袋绝不许其他猴子碰。有时猴子为了抢夺实物彼此吱吱乱叫，甚至互相追打，毫不谦让。

在大家眼里，猴子是喜欢捉虱子的。有时经常看到一只猴子给另一只猴子捉身上的虱子，也有人说是在找盐粒。其实这并非是在捉虱子也不是在找盐粒，而是位低的猴子在给位高的猴子梳理毛发，尤其是给猴王梳理毛发，很显然有拍马屁的意思，是不是？

当然了，这猴王的诞生过程也是颇费周折的。猴群选猴王的争斗要持续一个多星期，期间30多只猴子经历了几十番争斗。受伤最重的猴子，脑袋上被咬出了口子，胳膊上也被咬出了一个大窟窿。据饲养员说，初到猴山的这些猴子一点也不安分，不时打斗争雄。刚开始的那几天，天天都能看到猴子打架受伤。饲养员在喂食物时也要尽可能地把食物撒开。因为没有新猴王的产生，猴子很敏感，会为了一点食物而打得不可开交。在保证尽量避免猴子致死的前提下，饲养员一般不对猴群选猴王的争斗进行干涉。因为如果饲养员看到哪只猴子受了伤就把它拉出来，一是整个猴群将不会再接纳这只猴子，二是猴群之中将会有另一个只猴子被欺负，这种过程是无休无止的。其实大家不必担心，猴子的生命力很强，即使被咬出了口子有个三两天也就好了。

据说当时猴群回来的时候，有几只身体十分健壮的公猴，这猴王就将在它们之中产生。经过长达一个多星期的争斗，其中一只猴子脱颖而出，它获胜的原因是因为它聪明，具有领导力。其他公猴都是单打独斗，可这只猴子专门组团斗殴，一般都是小团伙三五只一起上，所以猴王团伙的猴子伤势都比较轻，猴王就只有尾巴上有个小口子。它现在坐镇近40只臣民的猴群之中，走起路来，尾巴高高的翘起，露出红红的屁股，甚是骄傲。

在它的带领下，生活在猴山里的猴子们过着快乐安定的生活。您一定会问了，这只猴王会一直统领着猴群吗？告诉您吧，不会的。当它老了或者身体状态不好的时候，自会有其他猴子向它发起挑战。这猴王如果输了，那下场可是十分悲惨的，这也就是动物界优胜劣汰的自然法则了。

# 冰雪精灵北极熊

欢迎光临北京动物园北极熊馆。

谈到北极，自然会想到白色世界的无冕之王北极熊。今天就请大家跟我一起跨越千年冻土上那片一望无际的雪原、掠过亿年冰晶下那条曲折蜿蜒的海岸线，近距离的探访这些来自遥远北极的精灵们。

瞧，在运动场里欢快玩耍的便是本馆的北极熊美美和乐乐了。众所周知，北极熊是世界上最大的陆地食肉动物。雄性北极熊体长2.4～2.9米，体重可达650千克以上，而雌性北极熊体型则比雄性小上许多。因此，这也成为我们区分北极熊性别的好方法。您看，眼前这只体型较小较圆的是母熊美美，而身长较长、体型较大的便是公熊乐乐了。

看来大家的目光都被北极熊愉快的嬉闹吸引了呢！告诉您个秘密，它们还是小孩子呢。北极熊平均年龄30岁左右，相当于人类的七十、八十岁。而我们这两个小家伙刚满3岁，按照人类的年龄推算才是个不到10岁的娃娃，因此格外活泼。

而我们的场馆也正是按照考虑到北极熊的习性而建的。您现在所看到的北极熊新馆是2012年9月正式投入使用的。新馆与老馆只能"居高临下"地观看不同。您在新馆内，可以透过落地玻璃与北极熊平视，近距离地欣赏和了解它们的生活。不瞒您说，我们的新馆不仅模仿了北极熊的老家，营造了白色的冰雪世界及北极圈大陆的夏秋两季，而在每个展室都单独配备了超豪华的游泳池，这可是熊熊们的最爱哦！看，它俩一会儿潜入水下，一会儿又浮出水面。呦，这还抢上球了，不知道它们的可爱姿态有没有把您萌翻呢？

在大家拍照的时候我给大家普及一下白极熊游泳的小知识。北极熊是非常出色的游泳健将。它们游泳的速度可达每小时10千米。它们的体形呈流线型，前肢宽大犹如双桨，游泳时，前肢划水，而后肢并在一起，起到舵的作用。它们可以一口气游97千米远，因此各位可千万不要与北极熊同池共游哦！

室外的展厅参观告一段落，接下来请您跟随我一起参观室内展厅。室内展示的是年龄较大的北极熊安安和斯斯，它们相对于外面的两个小家伙就安静多了，全都懒洋洋地躺在那里。

看到这里，有朋友肯定会问，就这样吃了就睡不会发胖吗？您知道吗，在野外环境下，北极熊是以海豹、鲸这种脂肪得高不可思议的食物为生的。但是，饮食中的高胆固醇和脂肪并不会影响它们，也就是说北极熊可不会像人类那样吃胖了会得心脏病。

不过，别看可爱憨厚的白熊在场馆里享受着无忧无虑的生活，但是它们在自然界中的同伴就没有这么幸运了。相信各位通过报纸新闻以及本馆的展板也能了解到，北极熊生存现状十分的危急。北极熊是一种能在恶劣条件下生存的动物。然而随着全球气温的升高，北极的浮冰开始逐渐融化，北极熊昔日的家园已遭到破坏，猎物也相应减少，另外日益开阔的海面更增加了它们溺毙的危险。世界自然保护联盟红色名录已将北极熊列为易危。

此处的参观就要结束了，不知道此刻朋友们心中都在想些什么呢？北极熊是冰雪世界中不可或缺的纯净精灵，它们的未来不得不依赖人类更多的保护。因此，希望各位能够通过今天的参观更好地了解北极熊，并将您的所见所感传播给身边的朋友，这便是对我和熊熊们的努力做出的最大声援。

# 大熊猫馆

今天我们参观的场馆是北京动物园的精品场馆——大熊猫馆。大熊猫馆主要由亚运熊猫馆和奥运熊猫馆两个部分组成。

大熊猫是我国的稀世珍宝，数量极为稀少，属于国家一类保护动物。您还记得吗？2008年北京奥运会吉祥物之一福娃晶晶，它的原型就是国宝熊猫，它憨厚乐观，积极向上，象征着人和自然和谐共存，代表奥运五环中的黑环。大熊猫的可爱形象一直深受大家喜爱，那您能说出大熊猫身上哪些部分的毛发是黑色的，哪些部分的毛发是白色的吗？请您随我一起走进大熊猫的生活。

眼前的这个场馆是亚运熊猫馆，建于1989年，占地面积约10 000平方米。大家可以看到，它很像一个横卧在地的竹笋，上面的11对拱圈就像是一个个环绕竹笋的笋节。1989年正是第十一届亚运会的筹备阶段，这种独具匠心的设计思路，也寄托着我们对亚运会胜利召开的美好祝愿。

一进门，我们首先可以看到的是大熊猫的骨骼构架。您知道它为何如此珍贵吗？据考证，早在800万年前，大熊猫的祖先生活在地球上时，是完全的食肉动物，后来由于天气越来越冷，食物很难寻找，大熊猫为了生存下来改吃了竹子。于是到了今日，与大熊猫同时代的其他食肉动物几乎都灭绝了，唯有大熊猫幸存下来，所以我们称大熊猫为

"活化石"，具有很高的研究价值。

现在您看到的宣传栏里，展示的是大熊猫从出生到成年的生长过程。从图片上我们可以看到，刚刚出生的大熊猫仅相当于人类4个月大的早产儿，既看不见也听不见，只有手掌大小，100克左右，相当于母亲体重的1/1000。在自然界中，幼仔和母亲体重相差如此悬殊的，除了大熊猫就只有袋鼠了，但是袋鼠有育儿袋，大熊猫并没有，因此我们可以想象，大熊猫的宝宝想要生存下来是多么不容易！

现在透过玻璃窗我们就可以看到大熊猫了，一开始提出的问题也迎刃而解了。原来大熊猫的四肢、眼睛和耳朵的毛发是黑色的，其他全部是白色的。您看，它们正在吃竹子呢，非常的可爱。我们都知道大熊猫最喜欢吃的食物就是竹子，那它是怎样握住竹子的呢？大熊猫在吃竹子时，会用前肢握住竹子的竹秆处。它的五根手指是并生的，像人类除大拇指外的其他四指一样，但是这样是握不住竹子的，所以它前手掌根部的腕骨进化成了"第六趾"，相当于人类拇指的作用，手指之间相互配合就可以紧紧地握住竹子了。

参观完亚运熊猫馆，请您随我一同前往奥运熊猫馆。奥运馆是2008年修建完成的。当时所展出的熊猫是从四川卧龙基地进京的熊猫，它们经历了地震的考验，乘坐专机到达北京动物园，与众多关注它们的国内外游客见面。

进入场馆后，我们可以看到这个场馆的内部设施十分完善。去过四川九寨沟的游客可以发现，兽舍背景完全是依照九寨沟风光原景绘制的。这些用来给大熊猫攀爬的阁架上描绘的，正是四川卧龙基地少数民族羌族特有的图案。

说到这里，您也许对大熊猫的生活环境也充满好奇。其实大熊猫是生活在寒冷潮湿的环境中，它们的皮毛最外层有一层油脂，既可以防水又可以保温，它们不怕严寒，从不冬眠。但是大熊猫害怕炎热，所以在它们的兽舍和运动场内都安装有空调设备。

目前，虽然大熊猫的饲养和展示水平在不断地提升，全国大熊猫的数量达到1800只左右。根据专家调查表明，一个物种如果想要维持下去，它的数量至少要在2500只以上，所以，我们人类要始终做到关注环境、关爱动物、为熊猫、为更多的动物提供良好的生存环境，使人与动物和谐相处。

# 太阳之子——环尾狐猴

大家好！我是北京动物园饲养队的一名环尾狐猴饲养员。

环尾狐猴又名节尾狐猴，属于哺乳纲、灵长目、狐猴科，是一种仅产于非洲马达加斯加岛的低等猴类，分布于该岛西部和南部干燥的疏林多岩地区。它已经被世界自然保护联盟列入红色名录，属易危物种。

环尾狐猴体长约半米，尾长与体长相似，体重2~4千克。它们头小，嘴长，长得很像狐狸，尾部由黑白相间的环状花纹组成。这一特征是其他种类的狐猴所没有的，环尾狐猴也因此而得名。

环尾狐猴属于杂食动物，食物包括嫩叶、花、果实以及各种昆虫，有时也吃鸟卵甚至幼鸟。每年9~12月发情交配，孕期约5个月，第二年的3~5月产仔，每胎1~2仔，2~3岁性成熟，寿命18~20年。

环尾狐猴的后肢比前肢发达，还有长长的尾巴保持平衡，因此奔跑、攀爬和跳跃能力都非常强。它们像精灵一样在林间穿梭。环尾狐猴还有一个特点，就是手腕内侧具有气味腺。雄猴的腺体比雌猴发达，在繁殖季节和外敌入侵时，雄猴们就用尾巴摩擦手腕腺，然后不停地甩动尾巴，把气味散发出去，以吸引雌性或是威慑敌人。

环尾狐猴在当地被誉为"太阳之子"。因为它们非常喜欢晒太阳，每当太阳升起的时候，猴子们就会面向阳光，打开双臂，闭目养神，因为晒太阳可以帮助它们消化食物和保持正常的生理机能。晒过太阳，它们就开始采食、活动。环尾狐猴家族有很严格的等级划分，在野外一般结成5~25只的群体，由一只成年雌性带领。此外，它们还非常重视个人卫生，每天会花大量时间互相梳理毛发，这样既能保持皮毛清洁，又可以增进彼此的感情。

环尾狐猴性格温顺，但是胆小敏感，很容易受到惊吓。常常是我在兽舍里稍有动作，它们就四散逃开。于是我一有时间就待在兽舍里，拿着猴子们爱吃的食物，手递手喂食。通过一段时间的感情培养，小家伙们不怕我了，纷纷开始围在我身边索要食物。当第一次有猴子用它柔软的小手握住我的手，并用期待的目光看着我时，我觉得心瞬间就融化了。渐渐的，我一进兽舍，他们就围拢过来，有的抱腿，有的拽胳膊，有的索性坐在我肩膀上，弄得我一身小泥爪子印。可我觉得这是幸福的爪子印，让我心里美滋滋的。到后来，只要我从展窗外经过，他们就会兴奋地围在玻璃前发出像小猫撒娇一样的哼叫声。每当这时，我就感觉一切的努力和付出都是值得的。

环尾狐猴在饲养中还有一些常见的问题。首先，一旦出现群体发病很难治疗。其次，环尾狐猴因繁殖产生的争斗非常明显，每年的产仔和发情季节都会发生不同程度的打斗。第三，就是个体之间很难识别和区分。针对这些问题，结合环尾狐猴的生活习性和繁殖特点，我们认为应在增强动物自身体质的前提下，调整血缘，避免近亲繁殖，分群饲养，将种群控制在15只以下，以降低发病率及减少因争斗产生的损伤。对于动物的个体识别，我也有些心得。随着每天接触和观察，你会发现它们的体型、毛色、眼睛，甚至脾气秉性、习惯动作都有自己的特点。只要用心，就能区分开来。

通过我和同事们的努力我园的环尾狐猴种群还在不断壮大。我和这些来自异国小精灵们之间的故事还在继续。作为一名普通的饲养员，我会继续挥洒热情在这份充满激情的工作岗位上。

陶然亭公园建于1952年，是一座融古典建筑和现代造园艺术为一体的以突出中华民族"亭文化"为主要内容的历史文化名园。全园占地面积56.56公顷，其中水面积为16.15公顷。

陶然亭是清代的名亭，也是中国四大名亭之一。清康熙三十四年（公元1695年），当时任窑厂监督的工部郎中江藻在慈悲庵内创建此亭，并取唐代诗人白居易"更待菊黄家酝熟，共君一醉一陶然"之诗意，为亭题额曰"陶然"。这便是公园名称的由来。

# 陶然亭公园

# 品京韵　忆窑台

　　现如今又到了炎炎夏日，北京的各类茶馆、茶社是人们消暑的好去处，生意还十分的红火。北京茶馆历史悠久，元明清的时候，茶楼、茶园不仅卖茶，也是戏剧演出的场所，到了清末民初，各种不同类型的茶馆已经遍布整个北京内外城。

　　到这茶馆来喝茶的人呀，不仅是为了解渴，更是一种社交、娱乐方式和精神追求。清朝茶馆中特别有名气的当属陶然亭公园内的"窑台茶馆"。窑台是明清时候的窑厂，明永乐年间在北京建紫禁城，修筑城墙，工部所设的黑窑厂就在这儿，后来还建起了高大的窑神庙，到了康熙年间窑厂就关张了，但这里的景儿的确是特别地好，坑塘成湖不说，更是芦苇环绕、野味十足，当时很多的戏曲演员，如杨小楼、萧长华等大家，每天大清早都会来这里喊嗓子，而且都是窑台茶馆的常客。

　　说起窑台这地界儿的历史知道的人我想不在少数，可窑台它鲜为人知的趣事您也许了解得不多。话说清末那会儿，凡是到这喝茶的贵族或者有钱人，都有一个非常变态的举动就是喝茶之前先换衣服，脱掉自己的长袍马褂、朝靴官帽儿，换上一身乞丐装，然后再把自己弄得蓬头垢面，这才坐下来喝茶，回家的时候再重新梳妆打扮，穿戴一新，这要搁咱现在看呀，颇有点"不爱戎装爱乞装"的意思，然而他们这种神经质的表现是另有原因的，当时的大清朝是一天不如一天，可谓是江山已去人还在，这些贵族们也都知道没几天好日子过了，所以就提前到这儿体验生活，感受一下穷苦老百姓和乞丐的日子。说来也新鲜，可着北京城找，只有窑台茶馆有这景儿，这又是为什么呢？原来这里远离闹市区，周围除了乱坟岗子就是芦苇荡，他们的这种举动不会被同僚看见和耻笑。你说说，都到这时候了，还死要面子活受罪。

说到窑台茶馆的名气当时在整个北京城可是无人不知，无人不晓。那窑台之所以能成为北京著名的老字号茶馆其实还有一个最主要的原因，要是按咱们现在的话讲它可是咱们北京第一个带有主题性质的茶馆。现如今的达人都喜欢到主题餐厅吃饭，这些餐厅所谓的主题就是这些装修风格，吃的人享受的是这种用餐环境，而吃饭倒成了陪衬。咱们窑台茶馆这主题就是为茶客们提供一个职介所的环境，来这儿的平民百姓除了喝茶聊的最多的就是工作和工资，茶馆的社交职能那是与生俱来的，没想到人一多，时间一长，大家伙互相托关系找路子，介绍起工作来了，就这样窑台茶馆开发了一大副业：职业介绍所。当时茶馆里最多容纳百十来人，虽不能跟现在国展的大型招聘会相提并论吧，但是甭管规模还是就业率，跟现在的小型人才市场还是有的一拼的。而且咱们职介所还不收取任何费用，什么时候要举办招聘会了，不用留言，不用写海报，全凭口口相传，套用现在的广告词：找工作，奔窑台，前程无忧！

您看，我讲了这么多窑台茶馆有意思的历史和趣闻，想必对北京民俗感兴趣的您也想来这儿品上一口这淡雅茶香，坐在窑台山上遥想着当年京剧大师们的嘹亮嗓音和旧北京的风土民情。这么多年过去了，这每天的一大清早还是会有很多喜爱戏曲的老北京们齐聚在窑台茶馆唱上几句，陶冶心情，虽不如曾经的门庭若市、生意兴隆，但也还是会人来人往，川流不息。这种沿袭了几个时代的传统早已使窑台成为了一种符号、一个品牌，老北京人心中的一个记忆，它不仅需要我们宝鉴珍藏，更需要我们世世代代经久传承！

# 书圣——王羲之

王羲之，是我国著名的大书法家，他的书法一直被后人所推崇，其中最具代表性的作品是《兰亭集序》。

话说东晋永和九年三月初三这一天，王羲之邀请了名士孙绰、谢安等40多位朋友，来到绍兴兰亭水边进行曲水流觞活动。当时，大家列坐在水的两旁，将一种羽觞放在水上，让它顺着溪水缓缓而下。说到这儿，您一定好奇"羽觞"是什么呢？它是古代的一种酒杯，它两边各有一个耳朵，下面还有一个底座，这样就可以漂浮在水面上了。

当羽觞停留在谁的面前，谁就要当即饮酒并作诗，作不出诗的人就会被罚酒三觞。大家一边饮酒，一边作诗，兴趣使然，其乐无穷！这次活动中，一共有11个人作诗两首，15个人作诗一首，其中还有16个人没有作出任何诗篇而被罚了酒。活动结束以后，大家把所有诗篇集合起来，并且邀请这次活动的召集人王羲之作序，王羲之便趁着酒意，大笔一挥，写下了天下第一行书"兰亭集序"，他也因此被人们尊称为书圣。

《兰亭集序》虽然只有短短的28行324个字，但非常有意思的是在整篇文章中每遇到重复的字，它的写法就不一样。比如整篇文章中一共出现了21处"之"字，而每个之字的写法都不相同，这也充分体现了王羲之深厚的书法功底。

说道这儿，我再向您说一个有意思的事，那就是王羲之的爱好。说起爱好，您首先想到的一定是唱歌、跳舞等。可咱们这位书圣却不一样，他一生最好养鹅。李白就曾在诗中写道："山阴道士如相见，应写黄庭换白鹅"，说的就是这件事。在一次外出游玩时，王羲之在茂林修竹间看见几只大白鹅在悠悠戏水，心里便产生喜爱之情，打听之后发现鹅是山间道士养的，于是他竟然写了一部经书与道士换鹅。这样爱鹅程度之深，世间也是少有的吧。

那您一定好奇，王羲之为什么如此喜爱鹅呢？因为他认为：鹅浮水的姿势跟写书法有关，执笔的时候就要向鹅头那样昂扬微曲，而运笔的时候则要向鹅掌拨水那样，把手腕手掌手指的力量集中在笔端，这样写出的字才刚劲有力。您看，王羲之不愧为书圣，就连爱好都能与写书法相联系。

王羲之因为喜欢养鹅，所以每到一处都会凿一个鹅池，并写上鹅池这两个字。您看，这是陶然亭公园面积最小的亭子，里面的碑上就有鹅池这两个字。细心的您能看出这两个字有什么不同吗？对了，它是鹅瘦池肥。这是由于它是出自两个人不同的手笔，"鹅"字是书圣王羲之所写，而"池"字是由他的儿子被称作"小圣"的王献之写的。这里还有一段小故事，据说王羲之写鹅池二字的时候，刚刚写到一个"鹅"字就突然听见门外传来了圣旨，王羲之放下笔急忙出去接旨了，看父亲写字的王献之就在下面续写了一个池字，就这样一碑二字，父子合璧，成为了千古的佳话。而且您看，鹅字的写法还很特殊，是我在上，鸟在下，寓意着我的鸟，由此可见，王羲之爱鹅程度之深了吧。

时代变迁，物换星移。时至今日，王羲之的书法作品一直是广大书法爱好者们心中的一个梦。陶然亭公园在修建华夏名亭园时，为了纪念这位伟大的书圣王羲之，特意修建了兰亭景区，里面不仅包含了王羲之创作《兰亭集序》时的曲水流觞场景，更有《兰亭集序》的整篇石刻，这些都使兰亭景区更加完美，同时更加体现了王羲之在我国书法史上的重要位置。

# 陶然亭的未解之谜

  陶然亭公园位于北京城南，是一座建于1952年的城市山水园林，它的历史可以追溯到2300多年前的战国时期，当时这一带是凉水河支流的流经地，附近的自然风光非常的优美，野趣横生，飞鸟入林，私家园林也竞相修建，其中包括刺梅园、封氏园、祖园等，为我们后人留下了很多美丽的故事和优美传说。

  众所周知，陶然亭是一座以亭为主的山水园林。但今天，不讲亭，我要为大家讲述的是陶然亭公园的另一个特色：谜！

  说到谜，在公园中央岛锦秋墩上的香冢，是最有代表性的，几百年的风风雨雨，无数的传说和故事，不仅使香冢变得更加神秘，也给陶然亭的历史蒙上了一层神秘的面纱。

  在香冢碑上刻有这样一首耐人寻味刻骨铭心的诗："浩浩愁，茫茫劫。短歌终，明月缺。郁郁佳城，中有碧血。碧亦有时尽，血亦有时灭，一缕烟痕无断绝。是耶非耶？化为蝴蝶。"讲到这里，我想大家心中肯定会好奇，那香冢下面埋的到底是谁呢？

  相传早年间，一位寒窗苦读十年的书生进京赶考，有幸认识了京城的一位歌女倩云，两个人一见钟情坠入了爱河，并发誓非君不娶，非君不嫁。书生还承诺，考取功名后就为倩云赎身，过幸福恩爱的生活。可谁知，天有不测风云，有位官绅竟看上了倩云，非要娶她为妾，而戏楼的老鸨见官绅非常富有，就私自做主把倩云许给了他。书生痛苦万分，万念俱灰。而倩云为了自己的气节和爱情，就在与官绅成亲的那天，一缕白绫结束了自己年轻而又美好的生命。发榜那天，书生名落孙山，想着自己无法实现的爱情和锦绣前程，万分悲痛地把自己心爱的人埋到了陶然亭的锦秋墩上，并写下了这首诗。

有人曾经私下进行考证，说这香冢碑下面埋的是明朝的衣冠，当时清军入关，命令汉人更衣改冠，一位身怀故国之情的明朝遗老，含着热泪把自己的官服埋葬在锦秋墩上，并立下香冢碑。

还有人认为，这香冢下面埋的并不是什么衣冠，而是清朝一位御史所写的荐草。荐草就是递上去又被退回的奏折。当时这位御史，上书了很多的奏折都被退了回来，于是他一气之下，就把这些荐草埋到了这里，为了避免飞来的横祸，就立下了香冢碑，并写下了这首诗。

朋友们，听了这么多香冢的传说，您对哪一个更感兴趣呢？

在陶然亭公园的锦秋墩上还曾经出现过鹦鹉冢，即醉郭墓和赛金花的墓碑，现在赛金花的墓碑还安放在陶然亭慈悲庵博物馆的碑刻陈列室内。这些名冢留给我们的精神财富是任何东西都不能替代的，它们为陶然亭公园的历史书写了极为精彩的一页。陶然亭不是皇家园林，没有器宇轩昂的亭台楼阁，它所拥有的就像建亭人江藻在《陶然吟》中所写道的那样："西面有陂池，多水草，极望清幽，无一点尘埃之气，晃置身于山溪沼芷间，坐而乐之，时时往游焉。"我想正是这种闲逸雅静和清幽自然才会吸引更多的人来到这里赏景探秘，我衷心地希望广大的游客包括我们今天在场的所有朋友都能在闲暇之余，踏上陶然亭这片美丽的土地去看一看，当然不仅是了解它的文化内涵和历史典故，更是去了解那谜一样的陶然亭。

# 屈原独醒亭与橘颂

大家好！很荣幸和大家一起分享屈原和橘子的故事。

您看，这座巨大的雕像雕刻的就是我们今天的主人公，伟大的爱国主义诗人屈原。屈原出生于公元前340年，战国时期的楚国人。作为我国历史上第一位爱国主义诗人，他学识渊博，才华出众。屈原一生中写过许多著名的爱国诗篇，如《离骚》《天问》等。而我们今天提到的《橘颂》是屈原作品《九章》中的名篇，是他早年时的创作，也是中国古代文人所做的第一首咏物诗。所谓的咏物诗，指的就是托物言志或者借物抒情的诗篇。

在陶然亭公园的华夏名亭园，就有为了纪念屈原的独醒亭景区。其中最醒目的莫过于橘颂壁画以及《橘颂》全文。这幅橘颂壁画的中心人物就是诗人本人，我们可以看到在画面中屈原手抱石瓮，聚精会神地浇灌幼橘，每到秋天的时候，橘园里的橘树硕果累累，女眷们满怀喜悦采摘成熟的果实。闲暇的时候，屈原握笔长思，抚琴长歌，空中白鹤飞翔。

说到这里，您可能要问了，为什么屈原那么喜欢橘子呢？因为诗人认为橘子表皮是黄颜色的，里面的果肉也是黄颜色的，因此他非常喜欢橘子这种表里如一的精神。而整幅橘颂壁画也生动地描绘了屈原种橘、采橘以及颂橘的场景。

您看，在壁画中还有《橘颂》全文，文章中说："后皇嘉树，橘徕服兮。受命不迁，生南国兮。深固难徙，更壹志兮。"文章的意思是说，南国多橘，楚地更是可以称为橘子的故乡。《晏子春秋》里记载："橘生淮南则为橘，生于淮北则为枳。"说的是橘树的生长习性非常奇特，橘树只有生长在南方的土地上，才能结出又甜又美的果实，倘若将它迁到北方种植的话，结出的果实就又苦又涩，不能食用。

这种现象在我们看来是一件非常令人遗憾的事，然而在深深热爱故国乡土的屈原看来，橘树这种"受命不迁，深固难徙"的秉性，正与自己矢志不渝的爱国情志相通。所以，屈原一直以南国的橘树作为砥砺志节的榜样，而他借橘树所表达的那种热爱故土，正直孤傲，乐观向上的精神也一直感动着人们。

《橘颂》堪称中国诗史上的第一首咏物诗。屈原巧妙地抓住橘树的生态和习性，将它与人的精神、品格联系起来，给予热烈的赞美。从此以后，南国之橘便蕴含了"独立不迁、热爱祖国"的丰富文化内涵，而这一独特的贡献，无疑仅属于屈原，仅属于这位千古"咏物之祖"。

而我们诗人本人，在他生命的最后也以实际行动表现了他矢志不渝的爱国情节。屈原不但是一位杰出的诗人，他更是楚国时期伟大的政治家。他曾辅佐楚怀王，官至左徒，并且向楚怀王提出了很多进步主张。但是由于屈原的这些进步主张触犯了当时贵族者的利益，楚王又听信了谣言，他便被害流放到了湖南省汨罗县一带。在公元前278年，秦国一举攻破了楚国的都城郢，而处在绝望中的屈原，自知自己无法挽回祖国的衰亡，在农历五月端午这一天，怀抱一块巨石投入汨罗江殉国。

屈原一直认为橘树是天地间最美好的树。因为它天生不可移植，只肯生长在南国，这是一种一心一意的坚贞和忠诚。屈原投江殉国的这一壮举，正体现了他忠于楚国，至死不渝的精神，体现了诗人高洁的人格形象。

最后，让我们在这满园的枸橘中，向我们这位伟大的浪漫主义爱国诗人——屈原致敬吧！

紫竹院公园始建于1953年，因园内西北部有明、清时期庙宇"福荫紫竹院"而得名。全园占地45.73公顷，其中水面约占三分之一。南长河、双紫渠穿园而过，有三湖两岛一堤。它是一座幽篁百品，翠竿累万，以竹造景，以竹取胜的自然式山水园。

本园造景模山范水求其自然，掇石嶙峋精心安置，亭、廊、轩、馆错落有致，修竹花木巧布其间，举目皆如画，四时景宜人。春风暖筱百花舒，夏霭轻舟翠盖浮，秋雨润芦枫叶艳，冬云瑞雪映松竹。中部青莲岛上有"八宜轩""竹韵景石"；明月岛上有"问月楼""箫声醉月"；西部有"跨海东征""紫竹垂钓"；南部有"澄碧山房"及儿童乐园；北部是独具江南园林特色的"筠石苑"。那里山势蜿蜒高低，水体聚散潆洄，植物配置精细，构筑轻巧，淡雅、清秀、幽静而别致，有"清凉罨秀""江南竹韵""竹深荷静""友贤山馆""绿云轩""斑竹麓""知弈庐"诸景。

紫竹院公园

# 荷花渡

这里是紫竹院美丽的荷花渡景区。

荷花又名莲花、芙蕖、水芙蓉，是我国十大名花之一。它不仅花大色艳，清香远溢，而且有着极强的适应性，既可广植湖泊，蔚为壮观，又能盆栽瓶插，别有情趣，自古以来，就是宫廷苑囿和私家庭园的珍贵水生花卉。紫竹院公园的荷花渡景区，早在明代就已经是一片河塘了，屈指一算也已经有500多年的历史了。每到盛夏，放眼望去，真是"接天莲叶无穷碧，映日荷花别样红"。

荷花花叶清秀，花香四溢，沁人肺腑，有迎骄阳而不惧，出淤泥而不染的气质。所以荷花在人们心目中是真善美的化身，也是佛教中神圣洁净的名物。关于荷花还有一个美丽的传说。相传是王母娘娘身边的一位美貌仙女，名叫玉姬。她特别羡慕人间男耕女织，成双成对的生活。有一天她决定到人间体验一下生活，就偷偷地溜出了宫，来到了杭州的西子湖畔。一看这儿就跟人间仙境似的，一下子就跳到了湖里，结果是可想而知啊！王母娘娘知道了，一怒之下便用莲花宝座把她打入湖中，牢牢地定在了淤泥里，永世不得脱身。从此，这位洁白无瑕的仙女，就化身成了荷花。而荷花所象征的纯洁、美丽，也是从仙女这儿说起的。据考证，荷花的老家在印度，印度人还将它奉为自己国家的国花。由于印度是佛教的发源地，所以荷花又与佛教有着千丝万缕的联系，无论画佛、塑佛，佛座必定是莲花台座。讲到这儿我就要问问您了，您知道为什么佛一定要坐在荷花上吗？话说释迦牟尼诞生的时候，刚一落地就会走路，每走出一步地上就会长出一朵莲花。想来是莲花给释迦牟尼铺就了一条人生之路，所以莲花也就被佛教视为最神圣、最纯洁的象征了。就像我们所看到的，释迦牟尼、阿弥陀佛、观世音菩萨都是坐在莲花之上，或者手持莲花。自从佛教传入中国以后，人们对莲花的这种崇敬也受其影响，以至于把我们自己所打造出来的神话小英雄——哪吒，也用莲花相伴左右，不仅坐着莲花，他的身体都是用藕做成的。这也算是把莲花用到了极致，正所谓表里如一。

您现在看到的荷花渡景区是紫竹院建园以后修建的。从20世纪60年代开始引进荷种。由于这里的泥土肥沃，水位温度适宜，很适合荷花在这里生长，因此这儿的荷花生长得格外繁茂，也成了紫竹院公园的一大景观。现在荷花渡里栽种的主要是引自白洋淀的红莲，在靠近东侧岸边还集中种植了一些其他品种荷，如'赛佛座'、'白海莲'、'展宏图'等。为了满足您近距离欣赏荷花的愿望，公园还专门开设了摇橹摆渡。在炎炎夏日，您可以荡舟荷塘，在清风拂面中穿梭于荷花莲叶里，体味一下"花为四壁，船为家"的美丽意境！您一定听说过并蒂莲吧，花开并蒂，好事成双，是吉祥如意的象征。每当荷花渡里开出并蒂莲时，都会吸引众多的游客前来观赏。您知道吗？并蒂莲是受环境影响所产生的突变，不能遗传，人为也无法干预，产生的概率大约是十万分之一，也就是说开10万朵荷花才有可能开出一朵并蒂莲，所以能否观赏到并蒂莲真的要看您的缘分了。

楚楚动人的荷，永远是一首迷人的旋律。穿行在画屏般的荷塘中，风吹绿叶送爽，缕缕荷香盈袖。今日，不知谁会沉醉忘却归路，在这高雅、脱俗的净地，细拂心尘，茅塞顿开，静静地聆听一次有关生命真谛的诉说。

游客朋友们，在您即将离开荷花渡之前，您不如面向荷花渡，深吸一口气，当荷花的香气迎面扑来时，清新的空气一定会给您无尽的清爽。荷花渡的仙气、灵气和福气也会伴随着您在今后的生活和工作中，祝福您和和美美，一路"莲"科！

# 紫竹院的 "竹"

大家好！今天为大家介绍紫竹院的 "竹"。

一提起紫竹院，您首先想到的一定就是竹子。从古代起，竹子就被人们看作是正直、坚韧、顽强的象征。宋代文学家苏轼，就曾写下了 "宁可食无肉，不可居无竹" 的名言。您看那从古至今的中国庭园中，几乎无园不竹。您就可以看出竹在园林建筑中的地位。紫竹院公园就是一座 "以竹造景、以竹取胜" 的自然式山水园林。竹与石、竹与水、竹与植物、竹与建筑，营造出移步景异的园林美景，使您仿佛走入了江南水乡。

古往今来，大家都对竹子喜爱有加。那您觉得竹子到底是草还是树呢？人们常说："草发成苑，树茂成林"。我们也一直都把大片的竹子叫作 "竹林"，听上去这竹子应该是属于树吧。但事实可并不是这样。我们都知道，树是有年轮的。您看，这树干中一圈一圈的条纹就是树的年轮。您再看这竹子，它可没有年轮，所以竹子是 "草"，不是 "树"。

那您可能会有疑问了，既然竹子是草，它怎么能长得这么高大，竹秆又这么坚硬呢？您一听我说，肯定就明白了。水稻和麦子您一定都很熟悉，竹子和它们一样都属于禾本科植物。只不过竹子的身材特别高大而已，而这竹秆中丰富的竹纤维，正是竹子坚硬的原因所在。竹纤维您一定也不陌生。咱们用的毛巾、穿的衣服，还有床上用品、婴儿用品等，到处都有竹的倩影。

说到这儿，我想问您一个问题，您知道世界上一共有多少种竹吗？据我们所了解，全世界共有1200余种竹，中国是世界上产竹最多的国家之一，有500多种竹。那您知道紫竹院有多少种竹吗？50多种，园内的竹子更是多达100万余株。紫竹可算是公园里名气最大的竹子了，竹秆紫黑，叶片翠绿，颇具特色。可其他竹种也不甘示弱。您看，这竹秆上有紫褐色斑点的叫斑竹。关于斑竹还有一个美丽而又凄婉的传说。相传在上古时候，尧王有两个女儿，大女儿叫女英，二女儿叫娥皇。尧王指定舜为继承人，并将两个女儿许给舜为妻。尧王死后，舜帝即位。那时候湖南一带洪水泛滥，舜帝带着随从去南方治水，因劳累成疾，不幸病故。娥皇、女英接到噩耗，伤心欲绝地来到湘江旁，抱头痛哭，泪水洒在了江边的竹子上。她们一直哭了9天9夜，把眼睛哭肿了，嗓子哭哑了，眼泪都哭干了。最后姐妹二人决定随夫而去，便跳入了波涛滚滚的湘江，化为湘江女神。从那以后，湘江边就长出一种竹子，竹子上面斑斑点点的，传说就是娥皇和女英的血泪所化而成。人们将这种竹子起名"斑竹"，也叫它"湘妃竹"。

这斑竹和紫竹都属于身材高大的观赏竹。可您记得吗？我们前面说过，竹子是草，所以竹子也有低矮的地被竹。过端午节都吃粽子了吧？那您知道有些粽子是用竹叶包成的吗？这箬竹的竹叶，就能包粽子。箬竹个子不高，枝叶茂密，很适合作地被植物。还有这叶形像鹅毛的叫鹅毛竹。这叶片上有白色条纹的，叫菲白竹。它们呀，都属于地被竹。正是这高矮不等的竹子，将紫竹院装扮成了大竹成林，小竹覆盖的清凉世界。

古人云："竹胜引得凤凰至，凤凰至则吉祥来"。紫竹院公园的万杆翠竹正期待着您的到来。

# 伽蓝殿

伽蓝殿为紫竹院公园紫竹禅院的东配殿。佛说有十八神保护伽蓝，统称"十八伽蓝神"。而本殿堂中展示了五大护法神，其中，殿堂主位供奉的便是关公——关羽。

那么，为什么武圣关公会被供奉在伽蓝殿中尊为菩萨呢？

关公原是三国时期蜀汉的历史人物，他那"忠、信、义、仁、智、勇"的华夏民族之魂至今延传。在北攻曹魏时，关公被孙权杀害，后代民间宗教信仰将关公奉为神。时至北宋，佛教逐渐民间化，混合了各种信仰之后，就把关公当作佛教的神灵。

这里还有一个传说。相传隋代天台宗的创始者——智者大师，有一次在荆州的玉泉山入定，忽然听见空中传来："还我头来！还我头来！"的惨叫声，原来是关公被敌人砍下头颅之后愤恨不平，到处寻找自己的头。智者大师反问："你过去砍去他人的头颅无数，今日怎么不去还别人的头颅？"之后为他讲经说法。关公心生惭愧，遂向智者大师求授三皈五戒，成为正式的佛家弟子，并且誓愿作为佛教的护法。从此以后，关公这位千余年来极受国人尊敬的英雄人物，就成为了佛教的护法神灵，被称作"伽蓝菩萨"。

我们看到的伽蓝菩萨像身穿圆领宽大之深绿袍，胸前加挂一盔甲，展现出华贵富丽之气，除了腹前有飞龙纹以外，袍身还散布着云纹，以及袖边、衣摆有橙色装饰的花瓣纹。

关公身边常有二人随侍，左边是关平，右边是仗青龙偃月刀的周仓。

关平为关公之子，东吴趁关公攻樊城时，突然偷袭荆州，关平与关公一同被斩。因此，关平也被称为"关平帝君"。形象是面如傅粉的一名年轻俊俏的白脸神将。

周仓为身材高大、黑面虬髯的关西大汉。关公千里寻兄时便请求跟随，之后对关公忠心不二，在听说关公兵败被杀后，周仓也自刎而死。在《三国演义》及之后的各种民间宗教信仰中，周仓均以关公护卫的形象出现。

南侧的文昌帝君是佛教列圣化迹人间、辅佐大教、救度群生之护法神，弘扬佛法、德深巨海。藏语中的"文昌帝君"称为"阿尼约拉"，意思是"地方神"，在藏区享有很高的威望和影响。

文昌帝君对佛教的护法形象，是以民间信奉的形式出现的，但也因此化民之功，无处不在。他的言教被广泛流传，是唯一受到汉、藏佛教及伊斯兰教共同信仰的护法神灵。

北侧的龙王是中国古代传说中统领水族的王，掌管兴云降雨。佛教在汉晋传入中国，于南北朝时期发展鼎盛，使原本已经淡化宗教意义的龙又注入了新的灵魂，由原来的神兽变成了充分人格化的龙王。

在传播过程中，佛教大幅中国化，包括对中国传统神祇和巫术的吸收。在佛经中，有一个名叫"那迦"的神兽，长身无足，在水中称王。实际上这个"那迦"的原形是热带雨林中的蟒蛇。按佛经的说法，佛降生后，它就护卫在佛的左右，吐一温一凉的净水为佛洗浴，同时在空中歌舞礼赞，并且它也可以兴云降雨、决江开渎、居于海川之中。这样一来，就在许多地方与中国传统文化中的龙相似。"那迦"的王子身份又暗合了中国皇室崇龙的信仰。在之后的佛经转译为中文时，它就顺理成章地被译成了"龙"。中国的百姓原本就以龙为神灵，也就对佛教中的龙慨然接受。唐宋之后，帝王封龙神为王，从此，龙王治水就成为民间普遍的信仰。

伽蓝殿我就为您介绍到这里，如果您想进一步了解佛教文化，欢迎来到万籁俱寂，但余钟磬声的紫竹禅院。

# 紫竹禅院

　　这里是藏在紫竹院公园内一座鲜为人知的明代庙宇——紫竹禅院。

　　说起紫竹禅院，还要从一条古河道讲起。这就是著名的高粱河，它又叫长河。全长10.8千米，至今已经有800多年的历史。明代时，它的源头之一就是今天紫竹院的澄鲜湖。

　　明万历五年，也就是公元1577年，明朝的第十三位皇帝万历，他的生母李太后当年修建万寿寺时，在紫竹院的西北部也建造了一座庙宇，作为万寿寺的下院。而这座庙宇就是您现在看到的紫竹禅院。据相关资料记载，当年李太后修建万寿寺的目的，就是为万历皇帝祝福护驾，为明皇朝世代永昌祈求佛祖的保佑。而紫竹禅院作为万寿寺的下院，也同样蕴含了这一深层的含义。

　　到了清代，北京的西北郊陆续建立了许多的皇家园林，帝后则经常往返于紫禁城与这些皇家园林之间。尤其是乾隆皇帝，他非常喜欢走水路。又因他的母后常年居住在畅春园，乾隆皇帝非常孝顺，所以他要经常去看望他的母后，因此，在皇宫与西郊之间的往返很是频繁。

　　每当走到长河时，乾隆皇帝都会称赞长河景色如同江南风光，并且规定昆明湖与长河之间禁止民间泛舟。也就是从那时起，长河便成为了宫廷的御用河道。除此之外，因为乾隆的母后信奉佛教，所以乾隆皇帝在李太后修建的庙宇也就是紫竹禅院内添供了观音大士像。之后，紫竹禅院便逐渐成为清朝帝后频繁拈香、座拜谒观世音菩萨的庙宇。

公元1751年，乾隆皇帝为了满足他母后喜爱苏州风景的愿望，便从畅春园的宫门外起，到万寿寺西墙外，修建了一条苏州街。就在那时，紫竹禅院湖泊的四周种植了许多芦苇，可谓"芦苇深处、水乡风光"。乾隆皇帝将这里命名为"小苏州芦花荡"。因为这里的芦苇都是引自江南，所以每到秋末冬初，苇秆经霜打之后，都会呈现出紫黑的颜色，放眼望去，就好像一片茂盛的紫竹林。又因传说观音菩萨所住的地方是我国佛教四大名山之一的普陀山紫竹林，所以，据景寓意，这座庙宇就命名为紫竹禅院。

据记载，光绪二十年，也就是公元1894年，慈禧准备60岁生日，前往万寿寺拈香礼佛、祈求长寿。便下令在紫竹院南岸，依山势种植各色秋菊，因此，使得那时的紫竹院也呈现出一派秀丽的风景。慈禧老佛爷当年前往颐和园之前，有时还会来到紫竹禅院拜谒观音，然后，再换成龙舟前往颐和园。

慈禧非常信仰佛教，所以她不仅喜欢拜观音，更把自己比作救苦救难、大慈大悲的观世音菩萨，因此人们都称她为"老佛爷"。我们这里还保留了一张非常珍贵的照片。您看，照片中的慈禧，头戴毗卢帽，身穿袈裟，背靠竹林，坐在那里，俨然一副在模仿水月观音菩萨的样子。

经过历史的变迁，明代的紫竹禅院已不复存在。2009年通过考古挖掘和专家论证，紫竹禅院以崭新的面貌再一次呈现在了世人的面前。按照历史的规制，我们恢复了观音殿内原有的观世音菩萨。您看，她头戴宝冠，身披短袖衣衫，身缠金色坠花璎珞，下穿两节云边套裙，右脚微微翘起，左脚踏在莲花蕊上，凤眼下视，好像在欣赏水中的涟漪。因他背靠茂密的紫竹而得名——紫竹观音。

紫竹禅院这座明代庙宇，不仅延续了祈求佛祖的保佑，为保皇朝世代永昌的含义，同时，还是紫竹院公园最具历史文化内涵的一处重要景点，更是一处探幽揽胜、体验佛教文化的神圣场所。

# 缘话竹君

这里是紫竹院公园"缘话竹君"景区。

"缘话竹君"四个字，我个人的理解，是今天我能有幸在这里，与您相聚在一起，一同用美丽的话语来赞誉如同君子一般的竹子，自然也是一种缘分了。竹子，虚心而高洁，挺拔而刚直。在中国古代，修竹常用来比喻谦谦君子。正如今天我要为您讲述的，就是史记《伯夷列传》中的竹君——伯夷和叔齐的故事。

大家请看眼前的这块景石，正是整个景区的精髓所在。上面描绘的是一个关于人格和名节的古代故事。那还是在3000年前的殷商末期，孤竹国国君有三个儿子，老国君在临终前立小儿子叔齐为国君。老国君去世后，叔齐说："自古长幼有序，大哥应该您来当国君。"大哥伯夷却摇了摇头，说："父亲的话那就是圣旨，我们不能违背。"说完，他就离开了家乡。叔齐觉得我自己绝对不能当这个国君，又把王位让给了二哥，然后就外出寻找大哥去了。不久，叔齐在易水河畔和大哥伯夷相遇了。大哥说："我听人们都说西伯侯周文王善待老人和贤士，我们不妨去走访一下。"于是，兄弟俩一路往西走，来到了镐京城外。此时正遇到西伯侯刚刚病故，而他的儿子却要出兵攻打商王。兄弟俩看到这样的情形，急忙上前去劝阻武王："您的父亲刚刚去世，您不去厚葬，反而大动刀枪，这是大大的不孝啊！"而且，周本属于商，以臣弑君，这是不仁！姬发（周武王）听后非常生气，下令要捉拿这俩兄弟。姜太公急忙上前去劝阻，说："这兄弟俩是多讲义气的人呀，千万不能杀他们。"随后姜太公劝兄弟俩离去。不久，姬发还是出兵灭掉了商朝，天下都归了周。伯夷、叔齐却以自己归顺了周朝，深深感到了羞耻。为了表示气节，他们不再吃周朝的粮食，隐居在首阳山上。每天采薇菜充饥，度日如年。一天一天，慢慢的他们骨瘦如柴，最终就饿死在了山中。

各位朋友，您一定奇怪了，我刚才提到的薇菜，大家可能不知道是什么？其实它就是野豌豆，过去在灾荒年间老百姓就采来作救荒草。可想，兄弟俩光用它们来充饥，那是一件多难的事啊！

现在您看到的石头上的这幅画描绘的正是伯夷、叔齐在首阳山上采薇菜的情景。其间，他们还作了一首诗歌。书法篆刻大师王十川先生用篆印的形式把它刻在了这块石头上。大家请看，就是这四方红色的篆印。它上面是这样描述的："我们登上西山啊，采这里的薇菜。他们用强暴的手段，改变强暴的局面，都不知道这样做是错的。神农、虞舜、夏禹这样的盛世已经没有了，我该去哪里呢？真是可叹啊，我的生命就要结束了！"孔子在《论语》中评价伯夷、叔齐"不降其志，不辱其身"。伯夷、叔齐他们为了道德、为了人格，王位和富贵功名都可以不要，甚至耻于吃周朝的粮食，甘愿采薇菜为食。这种修养和气节就如同刚直的竹子一样，不可动摇。

缘话竹君展现的是生生不息的君子风骨，是浩气长存的民族精神。它所弘扬的高洁品格和它所传承的刚直气节，也都融合在紫竹院公园的每一秆翠竹之中了。

好了，缘话竹君景区就为您讲解到这里，衷心祝您游览愉快，谢谢大家！

玉渊潭公园位于北京城西，与钓鱼台国宾馆、中华世纪坛毗邻。它历史悠久，地域广阔，水阔林峰，风景秀丽。全园总面积132.38公顷，水面积59.72公顷。

800余年前，这一带泉水自地下涌出，冬夏不竭。金中都时期，玉渊潭已经成为北郊的游览佳境。清乾隆三十八年，著名的香山引湖治水工程将水池疏浚成湖。

1960年，北京市政府正式命名为玉渊潭公园。经过多年的建设，园内相继建成"留春园""樱花园""远香园""玉渊亭"等景区、景点，形成了以水为主题，以樱为特色的自然山水园林。

坐落在公园西北角的樱花园始建于1989年，占地25公顷，为我国华北地区最大的樱花专类园之一。1973年，象征中日友好的大山樱扎根玉渊潭畔。1990年后，公园陆续从各地引进了"染井吉野""杭州早樱"等樱花品种，经过多年的培育，目前景区内樱花已达到20余个品种，2000余株，形成了"樱棠春晓""在水一方"等八处赏樱景点。

玉渊潭公园，已成为京城市民、中外游客赏樱、踏青、泛舟、休闲的游览胜地。

# 玉渊潭公园

# 玉和集樱历史文化展

　　玉和集樱展室是玉渊潭公园的历史文化展。整个展览分为四部分，详细介绍了玉渊潭公园在不同时期的发展与变化。

　　这里就是北京玉渊潭公园，一个拥有广阔水面和独特水乡风韵的古老皇家苑囿，一个拥有132.38公顷面积的综合公园，一个一旦您走入就会沉醉其中的神奇地方。

　　玉渊潭近瞰京师，远接西山的地理位置和碧波百倾、杨柳环绕的秀丽风光，使它在近千年的时间里成为了北京地区风景最优美，帝王、士人和百姓都喜欢的休闲旅游胜地之一。大家从这幅图就可以看出玉渊潭公园的地理位置是多么的得天独厚。而天生的优越位置和独有的秀丽风光，造就了这里深厚的人文积淀。从某种角度上说，玉渊潭的历史就是古老北京园林文化变迁史的一个缩影。

　　要想了解玉渊潭，就必须知道它的前身"钓鱼台"。在当时的北京城分四处钓鱼台，即南钓鱼台、东钓鱼台、西钓鱼台、玉渊潭钓鱼台。而唯有玉渊潭钓鱼台名声最为显赫。因为早在金代，钓鱼台就是权贵显宦的后花园。金海陵王曾在钓鱼台开宴赏月，而金章宗则在此筑台垂钓。

玉渊潭钓鱼台这一池幽幽潭水也深深地吸引了金代大文学家王郁于此结庐流连。历史上的王郁是怀着国破家亡的悲愤在钓鱼台隐居的。在隐居期间他日日苦读，潜心著述，当时甚至有人写出"忆昔颖亭见飞伯，恍若梦中逢李白"的溢美诗句。钓鱼台在他短暂的人生中占有了极为重要的位置。尽管王郁始终壮志难酬，但钓鱼台却因他而名动天下，成为了天下文人士子心之向往的地方。

明代永乐十九年北平改名为北京。作为帝都的北京城，巍峨壮丽，皇宫御苑，金碧辉煌，前朝留下的古迹名胜也得到了很好的保护和利用。而金、元两朝的胜迹——钓鱼台，依然是学士、文人竞相游幸的场所，由此也留下了许多吟咏钓鱼台的诗篇、佳作。

中国是个水患频发的国家，历朝历代的统治者都在不同的时期与水患进行过不同程度的斗争，因此先民们对水、地、人之间的相互依存相互影响的关系理解得极为透彻。而从古至今，玉渊潭就与京城水系命脉紧密相连，因水而起，因水而盛。乾隆三十八年，著名的香山引河治水工程将水池疏浚成湖。

在疏浚扩建玉渊潭河泡的同时，工匠们按照乾隆皇帝的御旨，在大湖四周堆山石，栽花木，建亭阁殿堂，立宫门，筑围墙，垒起了城门式的钓鱼台，城门的瓮门上篆刻有乾隆皇帝的御制诗《钓鱼台》。从此玉渊潭钓鱼台又再次的繁华起来。对这再度繁华的玉渊潭，乾隆赐以别名为"养源斋"。

辛亥革命后，溥仪将钓鱼台行宫的养源斋部分作为私产赐给他的老师陈宝琛。钓鱼台虽然是座荒废已久的园林，但陈宝琛喜欢钓鱼台有林木泉石之胜，便将旧园重新修葺作为游玩之所。他喜之不尽地设宴狂饮，立诗社、招游客，日无虚席。每宴必赋诗，最后赋诗题咏成册为《陈太傅钓鱼台赐庄图咏》。

中华人民共和国成立后，北京市人民政府将玉渊潭的140公顷的土地开辟成为公园。与它相邻的钓鱼台行宫，变成了接待各国首脑的国宾馆。建成后的玉渊潭公园面积2055

万平方米，水面1065万平方米，水面呈东西延伸，湖分东西两部分，中堤有闸相连。

目前樱花园内现有樱花20多个品种2000余株，并且形成了樱棠春晓、早樱报春、在水一方、鹃樱绯云、玉树临风、友谊樱林、樱缤之路和银树霓裳各具特色的"樱花八景"。自1989年至今，玉渊潭公园每年都成功举办樱花节，并且于2010年和2011年连续两年荣获"中国最负盛名休闲旅游节庆"称号。如今这里特有的樱花景致每年引来人潮阵阵，玉渊潭公园已经成为北京城家喻户晓的赏樱圣地。

近年来，玉渊潭公园确立以文化引导公园规划建设的发展方针，逐渐加大建设步伐。水是玉渊潭的灵魂，玉渊潭是水的文化。作为一个有着八百年文化的历史名园，未来公园将寻根溯源挖掘历史文化，通过建立一个以"玉和集樱"为主题的历史文化展厅、打造一个以"玉和"为主题的系列文化设施，并让每一位游客都能真切感受到玉渊潭公园浓郁的历史文化气息，感受到古老北京脉博的有力跳动。

# 玉和集樱的来历

您一定有个疑问，这个展厅为什么要叫玉和集樱呢。这个疑惑将在接下来解答。

首先这个"玉"字代表的是玉渊潭公园，玉渊潭位于北京城西。早在辽朝，就已经是蓟城的"城外花园"了，不少达官显贵在湖边抢地建园。《辽诗话题辞》中提到："城外花园遗蝶在，阏支歌舞纳凉来。"这里的花园指的就是玉渊潭。相传辽圣宗耶律隆绪，早在幼年作太子时还曾在玉渊潭东岸的皇家行苑里读过书。到了金代，这里已成为金中都城西北郊的风景游览胜地了。因为金代的章宗皇帝喜欢在湖边筑台垂钓，因此玉渊潭另得名为"钓鱼台"。

玉渊潭自古以来就与京城水系命脉紧密相连，因水而起，因水而盛。乾隆当政之时，西郊玉泉山、香山一带的泉流因没有可泄之处，每逢夏伏季节，大雨成灾。乾隆恐雨患成灾殃及京师，在乾隆三十八年时，著名的香山引湖治水工程将水池疏浚成湖。在疏浚扩建河泡的同时，工匠们按照乾隆皇帝的御旨，在大湖四周堆山石、栽花木、建亭阁、筑围墙，垒起了城门式的钓鱼台，城门的翁门上还刻有乾隆皇帝的御制诗《钓鱼台》。相传乾隆皇帝七十大寿时来到了钓鱼台准备前往天坛祭天，乾隆皇帝雅兴极致，他沿着林间漫步，欣赏着这里的美景，并在他御笔题写的钓鱼台诗前沉思了许久。也许他想到了励精图治所创下的"十全武功"，想到了自己巡遍四方，踌躇满志，他抚今追昔不禁感慨万千，诗兴大发，在澄漪亭内脱口吟出诗一首："墙外为湖墙内池，一船凭槛有澄漪。剔疏意在修渠政，何必凭罍细较斯。"通过这次整治河流和大规模的拓建，玉渊潭由原先只有天然泉水自涌自溢的浅水池变成了一座水面广阔的大湖泊，极大地增加了蓄水泄洪的能力，有力地保障了当时京都的民生。而这里也成为当时清代皇家与民同乐的一个难得的场所。这正体现了诗中的精髓，体现了执政者勤政爱民、执政为民的理念，也体现了玉合集樱"和"字的意义。《周礼》有云"以和邦国，以统百官，以谐万民"。"和谐"是中国传统文化的核心理念和根本精神，也是玉渊潭公园在党的领导下坚持构建社会主义和谐社会首善之区的根本精神，更是这八百年来蕴含在玉渊潭地域中特有的文化素质。

而"集"字取意聚集、汇集。在历史上无数名流雅士都曾聚集于此，吟诗作对，舞文弄墨。这里天人合一的自然风光带给他们无穷的想象，也极大地激发了他们的创作热情。如严嵩、王嘉谟、袁宏道、董越等都有诗作留存。

至于最后一个"樱"字，大家也应该猜到是樱花的意思了。樱花原产于中国喜马拉雅山脉，后广植于日本。现在玉渊潭樱花园内有樱花20多个品种2000余株，并且形成了樱棠春晓、早樱报春等各具特色的樱花八景。不知大家有没有细细品味过，在漫漫樱花路，翩然雪絮中盈盈移步，慢慢消融的那种感觉。

**附录：**

# 北京市公园管理中心
## 2014年职工技能（讲解）竞赛决赛领队及选手名单

| 序号 | 单位 | 竞赛项目 | 领 队 |
|---|---|---|---|
| 1 | 颐和园 | 总领队 | 张书才 |
| | | 讲解领队 | 李 华 |
| | | 选 手 | 韩 笑 |
| | | | 贾 萌 |
| | | | 舒乃光 |
| | | | 葛 嘉 |
| | | | 赵陶陶 |
| | | | 王 丹 |
| 2 | 天坛公园 | 总领队 | 董亚力 |
| | | 讲解领队 | 王晓霞 |
| | | 选 手 | 姚 倩 |
| | | | 张璐璐 |
| | | | 王志杰 |
| | | | 王 旭 |
| | | | 党宏斌 |
| | | | 郭 萌 |
| 3 | 北海公园 | 总领队 | 王 红 |
| | | 公园讲解 | 刘秀荣 |
| | | 选 手 | 王 雪 |
| | | | 李华馨 |
| | | | 陶郁林 |
| | | | 赵 杰 |
| | | | 朱 杨 |
| | | | 刘 屾 |

| 序号 | 单位 | 竞赛项目 | 领队 |
|---|---|---|---|
| 4 | 中山公园 | 总领队 | 刘森江 |
| | | 公园讲解 | 张涓涓 |
| | | 选手 | 许新征 |
| | | | 黄　惠 |
| | | | 王　璐 |
| | | | 郑　桐 |
| | | | 徐　瑶 |
| 5 | 景山公园 | 总领队 | 张丽维 |
| | | 公园讲解 | 周淑兰 |
| | | 选手 | 翟　晨 |
| | | | 宋京津 |
| | | | 张小雪 |
| | | | 张　兴 |
| | | | 李　岩 |
| | | | 刘　虓 |
| 6 | 香山公园 | 总领队 | 史玉梅 |
| | | 公园讲解 | 金　茹 |
| | | 选手 | 杨剑懿 |
| | | | 姜　楠 |
| | | | 李　爽 |
| | | | 杜　文 |
| | | | 齐悦汝 |
| | | | 赵　娟 |
| 7 | 北京植物园 | 总领队 | 郭晓波 |
| | | 公园讲解 | 韩玉娟 |
| | | 选手 | 袁　梦 |
| | | | 乔　锐 |
| | | | 胡晓丽 |
| | | | 池琳娜 |
| | | | 付佳楠 |
| | | | 李林晖 |

（续）

| 序号 | 单位 | 竞赛项目 | 领队 |
|------|------|---------|------|
| 8 | 北京动物园 | 总领队 | 胡雪莲 |
| | | 公园讲解 | 宋 莹 |
| | | 选手 | 王文娟 |
| | | | 刘潇然 |
| | | | 冯 璇 |
| | | | 高怡文 |
| | | | 师慧伶 |
| 9 | 陶然亭公园 | 总领队 | 李 霞 |
| | | 公园讲解 | 姚春凤 |
| | | 选手 | 王明轩 |
| | | | 张 焱 |
| | | | 单明鸣 |
| | | | 张 瑜 |
| | | | 王笑晨 |
| | | | 赵 楠 |
| 10 | 紫竹院公园 | 总领队 | 任 凯 |
| | | 公园讲解 | 李茂菊 |
| | | 选手 | 张嫒嫒 |
| | | | 鲁志远 |
| | | | 王艺澎 |
| | | | 陈 弓 |
| | | | 任志成 |
| | | | 董 卉 |
| 11 | 玉渊潭公园 | 总领队 | 邹建玲 |
| | | 讲解项目领队 | 魏 璞 |
| | | 选手 | 王 冉 |
| | | | 宗白菡 |
| | | | 孙菲菲 |
| | | | 张 晶 |
| | | | 刘 杰 |
| | | | 朱 婷 |